"中国丝绸文物分析与设计素材再造关键技术研究与应用"项目 (2013BAH58F00)

国家出版基金项目
NATIONAL PUBLICATION FOUNDATION

中国古代丝绸设计素材图系

ORNAMENTAL PATTERNS FROM ANCIENT CHINESE TEXTILES
POLYCHROME SILKS

锦绣卷

赵丰◎总主编　　汪芳◎著

ZHEJIANG UNIVERSITY PRESS
浙江大学出版社

总 序

赵 丰

丝绸是中国古代最为重要的发明创造之一，距今已有五千多年的历史。自起源之日起，丝绸就是技术与艺术的完美结合。一方面，她是一项科学技术的创造发明。先人们栽桑养蚕，并让蚕吐丝结茧，巧布经纬将其织成锦绮，还用印花刺绣让虚幻仙境和真实自然在织物上体现。在这一过程中，就有着无数项创造发明，其中最为巧妙和重要的就是在提花机上装载了专门的花本控制织物图案，这直接启蒙了早期电报和计算机的编程设计。同时，丝绸印染也是我国古代科技史上的重大发明，汉代的雕版印花技术是最早的彩色套印技术，对印刷术的发明有直接的启发；而唐代的夹缬印染技术也是世界印染史上的一大创造发明，一直沿用至今。另一方面，丝绸更是一门艺术，一门与时尚密不可分的艺术。衣食住行衣为首，蚕丝纤维极好的服用性能和染色性能，使其色彩远较其他设计类型如青铜、瓷品等更为丰富。所以，丝绸能直接代表服用者的地位和特点，能直接代表人们对时尚和艺术的喜好；丝绸的艺术为东西方所推崇，成为古代中国最为重要、最受推崇的艺术设计门类。

与其他门类的文物相比，丝绸在中国历代均有丰富的遗存。最早的丝绸出土于五千多年前的新石器文化遗址中，在商周早期的各种遗存中也可以找到不少丝绸的实物。而完好精美的丝绸织绣服装在战国时期的墓葬中开始大量出现，如湖北的江陵马山楚墓、江西的李家坳东周墓。汉唐间的丝绸出土更是数量巨大、保存精好，特别是丝绸之路沿途出土的汉唐间的丝绸更为重要，其中包括了来自东西两个方向的丝绸珍品，丝绸图案中也体现了两种艺术源流的交融和发展。宋、元、明、清各代，除相当大数量的出土实物外，丝绸还有大量的传世实物。这些实物一部分保存在博物馆中，特别是如北京故宫博物院一类的皇家建筑之中；另一部分保存在布达拉宫等宗教建筑之中。这些丝绸文物连同更为大量的民间织绣，是中国丰富的文化遗产的一部分。

在丰富的实物遗存中，丝绸为我们留下了极好的设计素材，成为我们传承和创新的源泉。因此，由浙江凯喜雅集团和中国丝绸博物馆牵头，联合浙江大学、东华大学、浙江理工大学、浙江工业大学、浙江科技学院等高等院校，根据国家文化科技创新工程的要求，我们申报了"中国丝绸文物分析与设计素材再造关键技术研究与应用"项目（2013BAH58F00），开展了相关研究工作。其主要目的是加强高新技术与织造、印染、刺绣等中国传统工艺的有机结合，研究建立文化艺术品知识数据库，促进传统文化产业的优化与升级，在传承民族传统工艺特色的基础上，推陈出新，让古老的丝绸焕发新的生命力。

我们的项目从 2013 年开始，到 2015 年年底恰好三年，已基本完成。项目包括三个课题：一是丝绸文物信息提取与设计素材再造方法研究，二是丝绸文物专家系统研发，三是丝绸文物创新设计技术研究与技术示范。其中第一部分是中国丝绸文物的基本素材的收集与整理，这一课题的负责人是周旸，参与机构有中国丝绸博物馆、东华大学、浙江工业大学、浙江科技学院，其中设计素材部分的主要参加人员有王乐、徐铮、汪芳、赵帆、袁宣萍、苏淼、俞晓群、茅惠伟、顾春华、蒋玉秋、孙培彦等。我们按照收集的材料，把所有的设计素材整理分成十个部分出版。

这里，我们要感谢科技部和国家文物局站在历史和未来的高度提出这一文化科技创新项目的设计，感谢浙江省科技厅对我们申报这一项目的大力支持。感谢项目中三大课题组成员的相互配合，特别是感谢第一课题组各成员单位齐心合作，收集整理了数千件中国古代丝绸文物的设计素材。最后，我们也衷心感谢浙江大学出版社对中国丝绸博物馆和中国丝绸文化遗产保护的一贯支持，使得这一图系顺利出版。我们期待，这一图系能为祖国丝绸文化遗产的传承和发展起到应有的作用。

锦绣华章——中国明清丝绸文物中的锦绣纹样

汪　芳

一、中国明清丝绸文物中锦绣纹样资料的收集和信息提取

（一）研究内容

本书针对中国明清丝绸文物中的锦绣纹样进行调查、分析和研究，对象包括考古发掘品和传世品。由于年代相对较近，锦绣文物以传世品为主，包括宫廷、民间丝绸文物。研究团队特别注重收集与整理第一手资料，其来源包括北京故宫博物院、北京艺术博物馆、中国丝绸博物馆、上海纺织服饰博物馆、山东博物馆、承德避暑山庄博物馆、美国费城艺术博物馆、美国大都会艺术博物馆等，涉及宫廷服装与传世丝织品。出土文物则以定陵发掘的明代宫廷服饰为主。

本次研究收集和整理了明清时期的彩色丝绸纹样，其中主要包括锦、花名织物、妆花、缂丝、漳绒以及刺绣，对它们进行了分类、主题分析、元素提取、纹样复原，总结当时的纹样特点、演变规律，研究纹样所蕴含的历史、艺术和文化意义。

（二）技术路线及难点

本次研究从丝绸文物纹样题材、技法、骨架结构、配色方式等方面入手，通过对传世绘画、壁画、陶瓷、金银器等其他艺术门类进行比对研究，分析明清锦绣纹样的结构，总结出各时期丝绸常见的色彩、色彩搭配习惯及配色技巧，研究通过色彩的变化来丰富纹样层次的方法，从题材、造型、排列方式和色彩配置等多个方面对纹样进行分类。同时，本次研究从类别出发，结合年代，寻找中国传统丝绸纹样的发展脉络，总结其设计规则和各时代丝绸纹样构成与色彩配置的规律性。

本次研究系统地收集和整理了明清丝绸文物纹样，根据其形式特点与分类，研究其

在骨架构成、纹样设计和色彩配置等方面所蕴含的历史、艺术和文化含义，同时也进行了纹样排列布局的规律分析和纹样元素的分解，以及色彩表达形式与配置规律的分析与提取。

明清丝绸文物纹样资料收集和信息提取的难点在于深度和广度，其样本数量大，分布广，如何在研究执行期间全面系统地收集典型丝绸文物纹样资料并对其进行信息提取，需要全面周全的考虑。

二、明清锦绣织物与纹样运用

明清锦绣织物工艺繁多，纹样丰富，主要涉及服饰用的匹料——循环纹样的面料及定位纹样的袍料，还有家居帷幔、书画作品的包首以及经皮子上的丝绸纹样。本文就织物的主要分类——锦、花名织物、妆花以及刺绣工艺下实现的纹样进行简单陈述。

（一）锦与纹样

"锦"字由"金"与"帛"两字组合而成，诠释了人们对其最初的定义。锦在历史上的记载极多，其名称也十分丰富。明清织锦以平纹、斜纹、缎纹三种基本组织为主，采用特结重组织，花地组织变化多样。三大名锦是指宋锦、蜀锦和云锦。

宋锦因时代得名，产于苏州，采用宋代纹样，也称作"宋式锦"和"仿宋锦"。明清宋锦根据工艺、用料产生的织物厚薄差异及使用性能的不同，分为重锦、细锦、匣锦三类。重锦质地厚重、精致，妆花色彩层次丰富，用作挂轴、陈设品用料等。细锦厚薄适中，以组织多变、丝线较细、织造较疏为工艺特点。匣锦又称小锦，质地软薄，用色素雅简单，织造较粗，多以小型几何填花或自然型小花为纹样表现，用于装裱书画囊匣。

蜀锦因产于四川成都而得名。蜀锦历史久远，明末其生产受阻，清初获得恢复。清代蜀锦较为著名的有浣花锦、巴缎等品种，多属特结重组织，以及单插合重组织，多以经线作地，以纬线显花。织物具有用色明丽、工艺细密精致、质地轻薄柔软等特性。

云锦得名于其锦纹有绚丽如云霞的美誉，产地为南京，源于元代，兴盛于明清。云锦品种繁多，织造精细，锦纹绚丽，纹样精美，主要用于宫廷织品以及民间婚礼服饰及其他喜庆礼服等。

（二）花名织物与纹样

花名织物是指以彩色花纹命名的织物，为纬二重彩色提花，即一种地组织与一种彩纬进行纬向插合，彩纬以通梭的方式与经线交织，可以应用在不同的地组织上。花名织物的地部，花纬一般作抛线沉在背后，没有任何接结点。花名织物因其采用的地组织不同，被分别称为花绢、花绮、花绫、花纱、花缎、花罗、花绸等。花名织物在唐宋时期就有文献记载，而名副其实的纬向单插合花名织物主要体现在一些明清织物上。

花绢出现在宋元之际，明代保存下来的"绿地折枝花卉蜂蝶花纱"呈现了纬向全越全地结插合组织。

花缎盛于明清，从保留的大量实物中可见花纬部位的组织十分丰富，富于变化，如明万历年间的"卍字地云龙花缎"、明正统年间佛经封面之一的"缠枝莲花牡丹花缎"、北京故宫博物院所藏"朱红地折枝茶梅八宝花缎"等。

花罗大多采用传统的链式罗作为地组织，以北京故宫博物院所藏"红色地矩纹折枝灵芝花罗"为代表。

（三）妆花与纹样

妆花是指在一种提花织物的花部采用通经断纬的方法进行显花的织物工艺，也称"挖梭工艺"。根据地部组织不同，可称之为妆花纱、妆花罗、妆花绢、妆花绫、妆花缎等。

妆花织物的产地主要在南京一带，其起源尚未有定论，但对其起源产生真正影响的，可溯源到唐代的缂丝。妆花织物的兴盛期是在明清两代，并有大量的实物留存。

妆花织物具有以几组花纬显示不同区域花纹的工艺特性，套色多，色彩明艳，纹样因此显得绚丽多彩，涉及花草鱼虫、飞禽走兽、八仙八宝等寓意吉祥的题材。

妆花织物多用于御用贡品，包括帝王后妃的御用服饰、宫廷帷帐、榻垫装饰，以及经籍囊匣的装潢等，也是赏赐王公大臣、赠送国外来使的高档织物。

（四）刺绣与纹样

刺绣，也称针绣，即以绣针引彩线，在织物上设定的纹样部位刺绣运针，以绣迹构成纹样。中国刺绣工艺已有几千年的历史，明清时期刺绣不仅大量见于宫廷织物，在民间也得到极大的普及。刺绣成为女子的重要手工活计——女红，发展出了四大名绣——苏绣、粤绣、湘绣、蜀绣，以及顾绣、京绣、陇绣、瓯绣、鲁绣、闽绣、汴绣等地方绣种，可以说全国各地都有各具特色的刺绣工艺。刺绣的针法繁多，大致可以概括为齐针、套针、扎针、长短针、打籽针、平金、戳纱等几十种，结合纹样的具体造型予以灵活运用。

刺绣不但是宫廷织物的常见工艺，也是民间用来装饰服饰用品的一种普遍工艺。其操作有个人化及灵活性的特点，加上地域文化及适用对象的不同，其纹样题材包罗各式花草、鸟兽、人物、云水及抽象纹饰，极为丰富。

三、锦绣织物纹样的题材、色彩与寓意

锦绣织物因其工艺手法不同表现出丰富多样的纹样样貌，可以从题材、构图、图形、色彩等诸多方面进行分类。

（一）题材与寓意

明清锦绣纹样根据其题材大致可分为植物纹样、动物纹样、人物纹样、器物纹样、自然元素及抽象纹样五大类，体现了明清时期人们的价值观和审美观。

1. 植物纹样

以植物为题材的装饰纹样是丝绸纹样中最常见的，有缠枝、折枝、团花、单独纹、连续纹等形式，运用重复、对称、均衡等表现手法，结合概括的色块、细腻的渐变等形式，穿插飞禽走兽，表现出祥和美好的艺术魅力，是传统丝绸纹样的典范，深深地影响着现代染织纹样的造型表现。

（1）宝相花纹

宝相花又称宝仙花，纹样以牡丹花、莲花为主体，融合菊花、石榴花等多种花形构成。宝相花始盛于隋唐，寓意吉祥、美满、富贵，是中国传统花卉纹样的典型代表。宝相花有平面团形和立面层叠形两种形式。纹样外形工整丰满，结构对称严谨，花瓣呈规律性渐变，多层次退晕色，以非写实性、程式化为造型特征，构成意象性的装饰花朵纹样，流行于明清丝绸纹样中。

（2）缠枝纹

缠枝纹以常青藤、扶芳藤、紫藤、金银花、爬山虎、凌霄、葡萄等藤蔓植物的枝茎表现成波状、涡旋形或S形，并缀以叶子、花卉、动物等，构成二方连续或四方连续的

纹样，寓意延绵不断、生生不息和吉祥美好。缠枝纹兴起于宋代，元、明、清三代尤为盛行，通过枝茎与不同花朵的组合得名为缠枝莲花、缠枝牡丹、缠枝宝相花等，出现在许多传世服饰用品中。缠枝纹以波卷缠绕的结构、花叶繁茂的造型样式，成为唯美与优雅的经典纹饰，流传广泛且经久不衰。

（3）折枝纹

折枝纹指截取植物上花朵与枝叶部分而构成的纹样，也泛指花与枝叶结合的纹样，强调完整花朵与折枝的造型关系，以多样的穿插排列形成整体纹样。唐诗中就已出现对织绣中折枝纹的描写，明清时期，折枝纹已发展成一种极为普遍的装饰纹样。

（4）团花纹

团花纹指以各种纹饰构成外形圆润的团状纹样，内以四季花草、飞鸟虫鱼、吉祥文字、龙凤、才子佳人等纹样构成，象征吉祥如意、一团和气。团花纹在隋唐时期已成为常见纹样，用于袍服的胸、背、肩等部位，至明清极为盛行，成为固定的服饰纹样，有"四团龙""四团凤""八团龙凤"等纹样格式。

在服饰面料纹样中，团花纹可分为两种：无底纹的清团花纹样、与底纹结合的混团花纹样。团花纹多以放射、旋转、对称式等为结构，配以刺绣工艺，以多彩光洁的丝线使纹样呈现出精美细致、饱满华丽的艺术风格，是中国传统纹样的经典样式。

（5）岁寒三友纹

岁寒三友纹是指以青松、翠竹、冬梅构成的纹样。三种植物不同科属，均不畏严霜，清雅高洁，为中国古代文人所推崇，寓意历经考验的忠贞友谊，同时因松、竹经冬不凋以及梅花迎寒开放，被视为生命力旺盛的象征，该纹样成为流传至今的吉祥纹样。以刺绣、织花等工艺表现的岁寒三友纹，以概括剪影式的三种植物穿插的动感造型为主，多应用于服饰纹样中。

（6）竹叶纹

竹子挺拔修长，不畏严霜，四季常青，象征着正直与清雅高洁的品质。竹外直中空，象征虚怀若谷；有花不开，象征纯洁质朴；又因生长时节节拔高，象征坚韧挺拔与奋进不止的品格。竹子既可与梅、兰、菊构成四君子纹，也可单独作为纹样题材，是男性及年长者服饰中常见的纹样。

（7）灵芝纹

灵芝也称仙草、瑞草、瑞芝，是先民崇拜的植物之一，神话与传说赋予了灵芝仙气与吉祥的含义，象征圣洁美好。灵芝也是道教中的养生仙草，象征健康与长寿。传统纹样中有手拜灵芝酒的麻姑，有口衔灵芝的仙鹤，寓意福寿长在；还有从灵芝中演化而来的灵芝祥云，均具有吉祥如意的美好寓意。灵芝纹是年长者服饰与起居织物中的常见纹样。

（8）牡丹花纹

牡丹花，被誉为"国花"或"花王"，因其造型雍容华贵，成为美丽富贵的化身，常被人们用来表达对富贵吉祥、幸福美满的人生的追求。牡丹花的形象被广泛地运用于中国传统的雕刻、绘画以及装饰纹样中，牡丹花纹更是服饰纹样中出现频率最高的花卉纹之一。今天以牡丹花为主题的装饰纹样，被视为具有中国民族特色的造型元素之一。牡丹花可与凤鸟、缠枝、寿石、花瓶、桃子、雄鸡等组合，构成具有丰富吉祥寓意的图案。其中最著名的有凤穿牡丹纹。凤穿牡丹，又称凤戏牡丹、牡丹引凤。牡丹花为花中之王，凤为鸟中之王，牡丹花与凤二者组合意为光明、吉祥、富贵、美好，也比喻婚姻的美满。静态圆润的牡丹花与纤细灵动的凤组合，具有很好的装饰效果，广泛地应用于女性服饰纹样设计中。

（9）梅花纹

梅花，因其冰肌玉骨、凌寒留香的品质而为中国古代文人所爱，是历代画家描绘最多的花卉之一。梅花在严寒中开放被视为坚强与高洁；梅花老干发新枝，被视为不衰与常春；梅花绽于百花之先，被视为传春报喜的吉祥之花；五瓣花瓣构成的梅花，也是象征福、禄、寿、喜、财的五福之花。梅花是"岁寒三友"之一，亦可单独构成纹样。梅花造型简练、疏密有致、清雅俊逸，是人们喜闻乐见的中国传统装饰花卉之一。典型纹样如喜鹊登梅，又称"喜上眉梢"，绘喜鹊立于梅枝上，以喜鹊的"喜"与梅花的谐音"眉"，形象地表现喜上眉梢的景致，寓意喜事临门。梅花纹样在明清时期广为流行，成为重要的服饰纹样之一，多见于用刺绣工艺表现的女性服饰中。

（10）菊花纹

中国是菊花的故乡，有数千年的种植菊花的历史。菊花造型优美，色泽动人，古往今来深受人们喜爱。历代文人雅士都有咏菊的文学与绘画作品，菊与梅、兰、竹合称"四君子"，是常用的装饰纹样。菊花凌霜开放，是中国传统文化中人格和气节的写照。菊花的黄色，是一种高贵的颜色，象征吉祥、长寿。陶渊明"采菊东篱下，悠然见南山"的诗句赋予了菊花超凡脱俗的隐者风范。菊花因此成为花中隐士，寄托了人们对幽静安逸生活的向往。菊花是成年女性服饰与起居织物常用的纹样题材。

（11）莲花纹

莲花因其出淤泥而不染的纯洁无瑕之形象，象征了积极入世却不为世俗污染的品行，具有高贵、圣洁与美好的品质。宋周敦颐的《爱莲说》，赋予了莲花更深的意义——高尚、正直、廉洁的君子之风。莲花又称荷花，与"和"谐音，所以在中国民间有和气、祥和、和合、和好的美好寓意。莲花又因"莲"与"连"谐音，还象征生殖繁衍，是新婚嫁娶用织物的表现题材。莲花造型优美，加之中国传统文化赋予其的丰富内涵，被广泛应用于各种服饰以及起居织物的装饰纹样中。

（12）兰花纹

中国人对兰花的钟爱与推崇由来已久。兰花被喻为"花中君子"，是人品和风骨的写照。兰花幽香清远、只能生长在幽谷净土的习性，被中国古代文人视为洁身自好、追求理想、不受世俗干扰的象征。文人墨客将美好的诗文称为"兰章"，将文人间的友情称为"兰交"，将良友称为"兰客"，更留下了众多咏兰、画兰的作品。兰花以兰叶的线状披针形为特色，花朵秀雅，与梅、竹、菊合称"四君子"。古人对兰花的造型追求灵动与神韵、线条柔美而舒展，兰花与兰叶构成疏与密、动与静的经典纹样，广泛应用于男女服饰与起居织物中。

（13）葫芦纹

葫芦以造型饱满、曲线优美等形态特点受到古人的喜爱，被视为喜气祥和、和谐美好、驱灾辟邪、子孙兴旺的吉祥之物。葫芦因谐音"福禄"，又有富贵、长寿的寓意。民间有在家居中悬挂葫芦并用红绳串系五个葫芦的习俗，意为"五福临门"。葫芦纹样造型圆浑朴实、喜庆热闹，象征着中国人对长辈的美好祝愿与对理想生活的期盼，适用于长者的服饰与家居织物。

（14）四季花卉纹

四季花卉以代表春天的牡丹、代表夏天的莲花、代表秋天的菊花、代表冬天的芙蓉这四种花为组合，寓意四季平安、安居乐业、生活美满。四季花卉纹以花卉造型的丰富变化、错落有致的组合为特点，同时折枝、缠枝、团花形式使花卉呈现出一派祥和的气氛。

（15）桃实纹

桃实纹以桃实、桃花、桃叶构成。中国人自古以来称桃实为仙桃，寓意吉祥福寿，常用作对长辈的祈福与祝愿。桃实纹多以折枝纹或组合形式出现，呈现富丽堂皇的艺术气息。

（16）三多纹

三多纹是指以佛手、石榴、桃子构成的纹样。佛手代表"佛陀"，象征佛之手，能招来福禄吉祥，其谐音"福"，喻为多福；石榴则因其多籽，象征子孙繁衍、家族昌盛，喻为多子；桃子因传说为神仙吃的果实，而象征"与天地同寿，与日月同庚"，喻为多寿。三多纹表现了中国人朴素的价值观，代表人们对美好人生的期盼与颂祷，常与"寿"字、蝙蝠以及花草组成纹样，多用于长者的服饰与家居织物中。

（17）百花纹

百，虚指数多。百花纹指以牡丹花、芙蓉、莲花、菊花、水仙等数种四季花卉构成的纹样。汇集各种花卉的百花纹，以花枝簇拥，蔓草与枝叶穿插，形成一派富贵繁荣的景致，喻为许多美好事物同时出现的吉祥之兆。百花纹结合织锦、刺绣等多种工艺，多用于女性服饰，流传甚广。

（18）花草鸟虫纹

花草鸟虫纹泛指以花卉、草木等植物，与禽鸟、虫鱼等动物共同构成的纹样。该纹样源于中国传统花鸟画，是古代文人的一种借物抒情、托物言志的艺术表现手法（因此类纹样以花草为主，故在本书中归入"植物纹样"）。花鸟画最早可追溯到六朝时期，至宋代达到高峰，其成就同时也影响到装饰纹样的造型表现。花草鸟虫纹样应用于服饰中，通过物象造型呈现了人们的志趣、情操以及丰富的精神世界，在赋予服饰美感的同时也传达了内涵与意境。

2. 动物纹样

动物一直与人类生活有着密不可分的关系，从图腾崇拜到各种吉祥寓意，动物纹样始终是中国传统服饰纹样中重要的造型元素。动物纹样主要包括龙、凤等传说动物，虎、狮子等具有吉祥辟邪象征意义的兽类，鱼、蝙蝠等寓意动物，更有如"龙凤呈祥""五福捧寿""百蝶纹"等以动物构成的经典服饰纹样。动物纹样造型来源于自然，却因其中国式的寓意呈现出特殊的装饰美感，使服饰因之增色。

（1）龙纹

龙集蛇身、鱼鳞、蜥腿、鹿角、鹰爪、蛇尾等形象于一体，是中国传统文化中最著名的祥瑞神异动物，是神圣、英勇、权威和尊贵的象征。龙纹集传神、写意、美化于一体，为中国历代皇室御用纹样。历朝历代龙的形象有演化与发展。龙或飞腾，或爬行，或卷曲交缠，变化无穷，极具装饰感。各种造型和姿态的龙纹被分为正龙、团龙、盘龙、坐龙、行龙、升降龙等，成为起源最早、流传最广、应用最久的中国传统纹饰。封建统治阶级以龙代表至高无上的皇帝，其专用龙袍、龙褂等服饰以龙为装饰，结合织绣工艺，呈现出精美绝伦的艺术样式。今天，龙纹通过各种应用表现成为象征中华民族精神的经典纹样。

（2）蟒纹

蟒纹形似龙纹，以龙五爪、蟒四爪细节之分，显示皇帝与下臣的区别。

（3）凤纹

凤纹也称凤凰纹、凤鸟纹。作为集多种禽鸟于一身的意象化神鸟，凤具有长冠飞羽、卷尾曲爪、翅膀灵动飘逸的优美形象，是中国传统的祥瑞神异动物。凤纹与象征帝王的龙纹相配，被视为封建王朝最高贵女性的代表。凤还是传说中能给人带来和平、幸福的瑞鸟，象征吉祥与喜庆的事物，是融现实与理想于一体的完美形象。凤纹历史悠久，历朝历代凤的形象有演化与发展，呈各种造型和姿态的凤纹被分为团凤、盘凤、对凤、双凤、飞凤等，造型细腻华美，以其独特的艺术魅力成为体现中华民族精神的经典纹样，被大量应用于皇室和民间服饰上。

（4）龙凤呈祥纹

龙凤呈祥纹是指由龙与凤构成的纹样，是中国传统的祥瑞神异装饰纹样。龙与凤对应飞舞，配以朵朵瑞云、灵芝为辅饰，呈现一派祥和之气，象征阴阳和谐、婚姻美满、吉祥福瑞。清代以前多用于帝后衣饰，近代流行于民间婚庆服饰中，结合喜庆的对比色，以织绣等不同工艺表现的龙凤呈祥纹样极具艺术魅力。

（5）鸟纹

除传说中的一些神鸟外，自然界中的鸟的纹样是传统纹样中最常用的动物纹样。鸟以其绚丽多彩的羽毛和丰富多样的造型，在视觉上呈现出优美、生动的形象特征。在中国传统文化中，不同的鸟也有着不同寓意：喜鹊比喻喜事，仙鹤比喻吉祥长寿，鸳鸯比喻长相厮守的恩爱夫妻，孔雀比喻吉祥美丽等。鸟还可与各式花草植物构成丰富的图案造型，为世人所喜爱。以鸟为题材的纹样用于明清文官官补以及各式女性服饰与装饰织物中，有许多优秀的案例表现。

仙鹤被中国古人视为鸟类中吉祥长寿的代表。神仙驾鹤遨游；人去世被称为"驾鹤升天"；修身洁行的人是"鹤鸣之士"，以此比喻贤能之士的高尚品德。鹤纹还是明清一品文官的补子纹样，因此鹤也称"一品鸟"。素以喙、颈、腿"三长"著称的鹤，常呈现出美丽高雅的姿态，带有几分仙风道骨的味道，可以说，中国传统文化赋予了鹤特有的精神气质。鹤纹也是服饰纹样中的常用题材。

鸳鸯以雌雄偶居不离、在水面上成双入对的习性，被中国古人称为"匹鸟"，比喻恩爱夫妻白头偕老，永不分离。鸳鸯纹也是传统习俗中女孩表达爱意的装饰纹样，多刺绣于服饰上赠予心上人。鸳鸯纹在造型表现上常两两相对，或作亲切交颈的情状，结合多彩的丝线刺绣工艺，细腻地表现出鸳鸯的绚丽羽毛，并以水波涟漪为烘托，呈现幸福美满的气氛，是新婚服饰及用品的常见装饰纹样。

（6）兽纹

兽纹是明清官服中武官官补的装饰纹样。兽纹最常见的有兽中之王的虎、吉祥之兽狮子、祥瑞神兽麒麟、吉祥仙兽鹿、寓意美好的"吉羊"等动物。

虎，强壮威武，代表西方之神，还能驱邪镇宅，是人们心中的保护之神，也是民间活泼朝气的孩童服饰的重要纹样元素。

狮子是中国传统文化中镇宅守护的祥兽，既威严勇敢，也是喜悦、富有活力的瑞兽，脚踩绣球的狮子寓意"好事在后"，身佩绶带的狮子寓意"喜事连连"。

麒麟是传说中能带来子嗣、使家族繁荣昌盛的祥瑞神兽，其身似鹿，牛尾独角，周身鳞甲，"麒麟送子"堪称中国古代经典纹样题材。

鹿与中国传统的"福、禄、寿"三星中的"禄"字同音，寓意官运和繁盛。古人称鹿为长寿之仙兽，鹿纹也就成了年长者的常用服饰纹样。鹿纹最常搭配的是仙鹤纹，并与灵芝草、松树等纹样构成"鹿鹤同春图"。

作为家畜的羊，历来与人们关系密切，因温柔儒雅的性格深受人们的喜爱。中国传统文化中还把羊与"祥"通用，因此羊被称为"吉羊"，羊纹也寓意吉祥、吉利。中国古代甲骨文中的"美"字，便是头顶大角的羊形，因此羊也是美好的象征。在民间，羊还与"阳"谐音，"三羊"的纹样寓意"三阳开泰"，象征朝阳、正阳、夕阳，表示充满希望、散发勃勃生机的景象，预示好运来临。

（7）蝴蝶纹

中国道家的代表人物庄子通过"庄周梦蝶"，即梦中变蝴蝶和梦醒蝴蝶复化为己的描述，以浪漫的想象力提出了一个哲学命题；此外，更有家喻户晓的民间传说——梁祝化蝶……显然，蝴蝶在中国传统文化中有着深厚的渊源和重要的地位。蝴蝶纹样的主要表现有以众多蝴蝶构成的百蝶纹、花与蝶构成的蝶恋花纹、猫与蝶构成的耄耋纹等。蝴蝶因"蝶"谐音于"耋"，象征吉祥长寿，用于装饰年长女性的服饰与家居织物；又因其造型的轻盈美丽，成双成对，是婚姻美满和谐的象征，也是婚庆服饰的常用纹样。蝴蝶纹最早出现在唐代的织绣品上，在辽代的丝织物中更是普遍，于明清盛行。慈禧太后的寿辰服饰上均饰有蝴蝶纹样。

（8）鱼纹

鱼纹是中国历史久远且流传极广的装饰纹样，从原始时期的彩陶鱼纹，到清代的青花鱼盆纹样，鱼纹更是历代织绣的常用纹样。鱼与"余"谐音，比喻富余、吉庆；基于鱼的多子特性，鱼纹还具有生殖力旺盛、多子多孙的祝福含义。鱼纹造型生动，体态优美，而中国人对鱼的喜爱，更赋予了鱼纹美好的寓意，使其成为中国人喜闻乐见的传统装饰纹样。

（9）蝙蝠纹

蝙蝠因为与"福""富"谐音，而成为中国传统的装饰题材。蝙蝠纹的造型表现，多将重点落在翅膀上：张开起舞的翅膀，结构对称，配以卷曲的外形，如祥云般优美。理想化的蝙蝠造型体现了创作者的移情与想象的色彩，是中国传统文化中特有的纹样造型。蝙蝠纹多用于长者的服饰纹样中，寄托了美好的祝愿。典型的如"五福捧寿"纹，以五只蝙蝠围绕"寿"字或寿桃构成纹样，五只蝙蝠分别代表寿、福、贵、康宁、子孙众多，"寿"字与寿桃代表长寿，纹样寓意富贵长寿，寄托吉祥祝福。"五福捧寿"纹多呈对称、完满的团状，静态的寿纹和桃纹与张开翅膀的动态蝙蝠形成对比，是中国民间流传甚广的代表性纹样。

（10）五毒纹

五毒纹以蝎、蛇、蜈蚣、壁虎、蟾蜍的图案构成。中国民间每到端午节，绣五毒虫以求毒不近身，驱害防病，为一种辟邪遗俗，以表达人们对平安美好的愿望与祈福。五毒纹通常以大红色为底，五毒形象用白色、黑色或绿色配以其他彩线缝制而成，结合平绣、贴布绣等多种工艺，表现出平面或具有浮雕立体感的五毒形象，呈现出造型朴拙生动、色彩对比浓艳的艺术特色。民间有五毒纹肚兜、五毒纹马甲等。五毒纹在陕西等西北地区最为盛行，是成人与儿童的常用服饰纹样。

3. 人物纹样

人物纹样主要包括人物风景纹、婴戏纹、戏曲及故事人物纹、才子佳人纹、神话人物纹、狩猎纹等，题材涵括了中国传统文化中的神话传说、戏曲文学、宗教故事中的人物造型，多表现美好、吉祥的人物，以传达传统的价值观。人物纹样多出现在服饰品等小件织物中，也有应用在服装面料中的，其中以挽袖中的人物纹样最为常见。

（1）人物风景纹

纹样多为在自然风光中、庭院山水间点缀格式人物纹——或才子佳人、高士贤人、神异巫仙等造型鲜明的人物形象，以琴棋书画、渔樵耕读为场景，或八仙过海等传统题材，刻画出古人对人与自然、人与社会的理想情愫。

（2）婴戏纹

婴戏纹为众多童子捉迷藏、耍灯笼、放风筝、荡秋千、扑蝶、读书、下棋等嬉戏游戏场面，配以四季花卉或场景构成纹样，寓意多子多孙、富贵满堂，表达了人们对幸福生活的向往与追求。婴戏纹样在辽代丝织物上已经出现了，后流传甚广，定陵出土的明孝靖皇后的彩绣夹衣，整件服装绣以一百个动态各异的童子，为婴戏纹的经典实例。纹样多以红色为底，以彩线刺绣，以金线勾勒边缘，人物造型生动，并配以器物与建筑、花草，烘托吉祥热闹的气氛，常用于女性服饰与居室装饰织物中。

（3）戏曲及故事人物纹

中国戏曲经历汉、唐、宋发展成完整的戏曲艺术，至今有京剧、豫剧、越剧、昆曲等 360 余个剧种，遍及中国城乡的每一块土壤。这种以歌舞演绎故事、带观众远离现实生活的戏曲艺术，不仅是中国人的传统娱乐方式，也丰富了中国人的精神世界。其中的戏曲人物造型也影响了织物纹样的艺术表达。

古老的中国有许多美丽的故事，以口口相传或文字记载的形式在民间流传，也是装饰艺术的重要题材。在造型上，此类纹样中的人物往往有着具显著特点的服装与扮相。此类人物纹样通过选取重要的故事情节加以人物动态的表现，常用在荷包、肚兜等服饰与家居织物上。

（4）才子佳人纹

才子佳人泛指有才学的男子与美貌的女子，构成中国传统社会中理想的婚姻配对关系。有情才有爱，无奇不成书，这也成了中国文学与传说故事中男女主角的经典模式。"窈窕淑女，君子好逑""天生一对，地设一双"，中国人历来追求美好的爱情，"愿得一心人，白头不相离"，而"才子佳人"无疑是最完美的婚姻模式。在造型上，才子佳人常常与琴棋书画相伴，配以小桥流水的中式园林场景，形成具有中国特色的人物纹样，用在挽袖、荷包等服饰与装饰织物上。

（5）神话人物纹

中国传统文化中的神话人物丰富多彩，天上、人间，包容四方，他们是流传或记载在经史典籍中的各路神仙道人，如伏羲、女娲、西王母、嫦娥、八仙等，呈现出一个神仙与圣贤构成的世界。他们的贤能与智慧被人颂扬，而能除害降妖的力量更是被人敬重，影响着中国人对历史人物的品评与对现实人物的期望。可以说，每一个人物都有着鲜明的东方文化特色，是中国文化的重要组成部分，也呈现在服饰纹样的艺术世界中。神话人物的造型多以衣着为标志，加上手中器具或背景烘托，勾画出人物特色。神话人物纹常用在荷包、肚兜等服饰与居室装饰织物中。

（6）狩猎纹

狩猎又称捕猎，是人类早期的一种为获得食物和毛皮捕杀野生动物的行为，后逐渐发展成娱乐活动。狩猎与古人的生活息息相关，更是男人勇敢的表现，狩猎纹也就成了一种英雄气节的象征，为人们所崇尚。狩猎纹在造型上多以简洁的外形勾勒出追赶野兽的场面，或是表现征服野兽的男人。中国历代许多器物都以狩猎纹为装饰，隋唐时期的织物纹样中也较流行使用狩猎纹。

4. 器物纹样

器物纹样虽不及植物、动物题材的纹样那么频繁出现在服饰与装饰织物中，但也是传达寓意、渲染意境不可或缺的纹样。如反映宗教寓意的杂宝纹、八宝纹等，以及表现文人雅士志趣的博古纹，都是中国传统文化中特有的纹样。

（1）杂宝纹

杂宝纹的纹样以金锭、银锭、宝珠、琉璃、玛瑙、珊瑚、犀角、金钱、方胜、象牙、法轮、卍字、祥云、灵芝、艾叶、卷书、笔、磬、鼎、葫芦等源于民间传说和宗教习惯的宝物为题材，因数量较多且能任意组合，故称"杂宝"。杂宝纹样始于宋代，明代杂宝纹样的组合已较为定型，有"七珍八宝"之称，被广泛地应用在服饰与装饰织物中。

（2）八宝纹

八宝纹有八吉祥纹与暗八仙纹两种。八吉祥纹源于佛教的物象，"八吉祥"分别是法螺、法轮、宝伞、白盖、莲花、宝瓶、金鱼、盘长，象征佛教的威力。这种佛教八吉祥纹始于元末的织绣品中，明清时期更为流行。八吉祥纹造型丰富多样，或以连续循环样式，或以定位纹样样式，结合织绣工艺，运用于男女服装以及荷包、挽袖等装饰织物中。暗八仙纹取自神话中八仙手持的宝物，即汉钟离的扇子、吕洞宾的宝剑、铁拐李的葫芦、曹国舅的玉板、张果老的渔鼓、韩湘子的神箫、蓝采和的花篮、何仙姑的荷花。暗八仙纹样盛行于清代，是中国民间服饰中为人们所喜爱的传统纹样。

（3）博古纹

博古指古代的器物，包括花瓶、盆景、书画、文房四宝、天文仪器等，体现了古代文人雅士的情趣爱好。博古纹寓意高洁清雅的文化品行，流行于明末清初，以缂丝、刺绣等工艺出现在服饰与装饰织物中。

（4）灯笼纹

农历正月十五元宵节，灯笼是必备的器具。由于人们对元宵节的隆重庆祝，灯笼的样式也缤纷多彩。有着千年历史的灯笼，承载了中国这一特殊节日的全部内涵——喜庆、团圆、美满、安康。灯笼纹造型多样，有序的编排中不乏细节的描绘，加上龙凤、鱼、兔子等动物纹，以及葫芦、四季花草等纹样的点缀穿插，呈现着祥和美满的节日气息，是中国人喜爱的传统纹样之一。

（5）花瓶纹

作为器具的花瓶，是古代重要的纹饰题材，常与花卉组合。"瓶"因谐音"平"，寓意平安，配以四季花卉，便有了"四季平安"的吉祥含义，花瓶纹因而成为经典寓意纹样。花与瓶的纹样，结合蝴蝶飞虫纹样，疏密、动静有序，多见于长者的服饰与织物用品中。

（6）如意纹

如意纹源于中国传统器物装饰纹样。如意为柄端呈手指形或心字形、用以搔痒的器物，后发展成把玩或观赏之物，造型有灵芝和朵云形，比喻"称心如意"。中国民间有以如意纹和瓶、戟、磬、牡丹等纹组成的吉祥纹样，传达"平安如意""吉庆有余""富贵如意"等含义，被应用于服装面料及领、叉、门襟等处的镶边以及装饰织物中。

5. 自然元素及抽象纹样

中国传统服饰纹样中除表现动植物等具象的纹样外，还有许多表现日、月、云、火、水等自然元素的纹样，更有反映古代王权与地位的特有纹饰如海水江崖纹、十二章纹等。

此外还有中国式的表现文字的字花，以及富有寓意的联珠纹、回纹等抽象纹样。以上这些构成了丰富多彩且充满想象的服装与装饰织物纹样。

（1）日月纹

日月纹是指描绘太阳、月亮的纹样。中国早期的陶器、青铜器等很多器物上都有代表太阳、月亮的纹饰，帝王衣饰上的十二章纹为首的就是日月纹，它是古人对日月崇拜的原始信仰的表现。日月纹不仅是帝王服饰用纹样，也是民间服饰中常用的纹样之一。在服饰纹样中，日月纹不仅作为具有寓意的装饰纹样，也是烘托和点缀景象的重要纹样，尤其在刺绣纹样中，日纹与月纹的出现，使没有透视的中国式造型空间获得了天与地的真实空间感。

（2）云纹

在古代中国，自然天象的云与农业活动关系紧密，成为传达吉祥征兆且具有文化和艺术意义的纹样。各朝各代创造了形象丰富的云纹，使云纹成为器物与织物的重要装饰。商周有云雷纹，先秦有卷云纹，楚汉有云气纹，隋唐有朵云纹、如意云纹。明代的云纹已发展至程式化的样式，有单个的如意云、三合云、条状的卧云、卷云等，其中以朵云状的如意云头斗合形成的四合如意云再配以四方的小勾云的样式最有代表性。以相互连接的四合如意云叠合成整片的云纹，用于服饰的胸背装饰，也用于地毯装饰。清代早期沿用了明代的云纹样式，至乾隆时期的云纹则云朵变细变长，结构自由，并施以晕色，与龙凤等纹样结合。道光时期的云纹外形圆润，被称为烧饼云纹，同治、光绪时的云纹趋于呆板而缺乏灵动感。

四合云纹、行云纹等，寓意如意与高升。云纹可以与各种图形组合成寓意丰富的纹样，如云鹤纹、云水纹等，云纹还是许多花卉动物纹样常用的装饰底纹。在造型上，云纹细腻生动、立体而富有动感，在龙袍等宫廷服饰和民间各种服饰与用品中常用，是最具代表性的中国造型元素之一。

（3）火纹

古人视火为神圣而伟大的自然力量，也视太阳为火，对火的描绘也是对其崇拜与敬畏的表现。火纹早在商代的青铜器上就出现了，也是十二章纹的组成元素之一。火纹的造型中多以圆涡形、向上的弧线等来表现火的流动光焰。

（4）水纹

水纹是指描绘水波的纹样，是中国重要的传统纹样之一。水是中国古代物质观中的

"五行"之一，是与人类生存密不可分的一种自然物质。滋养万物的水，给世界带来生命，也给人类带来灾祸，古人对水的敬畏之情也反映在水纹上。从早期的器物彩陶，到技艺高超的青铜等，以条纹、涡纹、三角涡纹、漩纹、曲纹、波纹等形式呈现出各式水纹。"福如东海长流水"，连绵不断的水纹寓意了幸福永存，也表现了古人对"福运长久"的人生期盼。

（5）海水江崖纹

海水江崖纹为清代龙袍、官服装饰纹样。海水江崖纹由自然元素的海水、浪花等图形组成纹样，多作龙袍的底边下摆等处的装饰。波涛翻滚的海水中立有山石宝物，包含绵延不断的吉祥含义，寓意"一统山河""万世升平"。海水江崖纹在明代官服上已见雏形，是清代官服的程式化纹样。海水江崖纹工整精细，设色浓丽华美，是传统纹样的经典造型之一。

（6）十二章纹

十二章纹是中国传统祭服的装饰纹样，由各具象征意义的十二种纹样——日、月、星辰、山、龙、华虫、宗彝、藻、火、粉米、黼、黻组成，被认为是最尊贵的纹样，包含了至善至美的帝德，是中国帝制时代的最高服饰等级标志，绘绣了该纹的帝王及高级官员礼服则被称为"章服"。十二章纹约在周代已经形成，各朝各代都把它作为舆服制度的一个重要组成部分。十二章纹延用两千多年，多为文献记载，流传下来的实物很少，但明定陵出土的数件缂丝衮服提供了翔实的实物资料。十二种纹样的具体形态及象征意义如下：日纹，即太阳，其中绘有金乌；月纹，即月亮，其中绘有白兔；星辰纹，即天上的星宿，以线连接圆圈形的星星组成；山纹，即群山，以色块组成山形；龙纹，为龙形；华虫纹，即一种雉鸟；宗彝纹，即宗庙彝器一对，分别绘以虎与猿；藻纹，即水草，为水草形；火纹，为火焰形；粉米纹，即白米，为米粒形；黼纹，为黑白斧形，刃白身黑；黻纹，如亚形或两弓相背。日月星辰，象征光明无私；山，象征众人所仰；龙，象征擅于应变；华虫，象征华美文采；宗彝，象征勇猛智慧；藻，象征冰清玉洁；火，象征照耀光辉；粉米，象征洁白且能滋养；黼，象征做事果断；黻，象征背恶向善。

（7）文字纹

织物中的文字纹，主要有两种表现形式。一种由独立的"福""喜""寿"等字面意义吉祥的文字与其他花卉鸟兽等组成纹样，以文字的意义加强纹样的表达，多结合织绣等工艺表现，运用在婚庆嫁娶、祝寿等服饰与装饰品中，此形式古代保存完好的实物很多。如汉代"五星出东方利中国"护膊，以织锦工艺将云气、鸟兽等纹饰与汉字组成护膊纹样。另一种为字花，将汉字的间架结构与花草、凤鸟等形象结合，奇思巧意地将文字形象化，表现出图中有文、文中有图的样式。字花多表现在民间服饰与装饰品中，多以刺绣工艺来实现。因为没有受教育的机会，古代女子绝大多数不识字，绣字也就成了"照猫画虎"，她们在用图寄托梦想与情感的同时，也以"画"字似的描摹来表达对文字的热爱。心智高的女子则能把文字与图结合，将其呈现在服饰与装饰用品中。

如双喜纹，又称"双禧""囍"，为字花的一种。"禧"为福或喜神之意，通常以"双喜"和"双禧"的形式出现。由两个"喜"字构成的"囍"，是一个特别的字。双喜纹寄寓"双喜临门""喜上加喜"之意，多与鸳鸯等吉祥纹样组合运用，表示恩爱和欢愉，常见于婚嫁喜庆服饰与装饰织物中。

又如寿字纹，由单个或多个变形的"寿"字组成纹样，由错落有致的"寿"组成犹如花纹的装饰效果，表示长寿、百寿等祝福之意。纹样以四方连续形式，采用提花或刺绣工艺，烘托出富贵而华丽的特点，多用于年长者的服饰与装饰织物中。

（8）卍字纹

卍字纹又称万字纹，严格地说是文字纹的一种，但又与一般的汉字不同。卍字纹是古代的符咒、护符或宗教标志，意为"吉祥万德之所集"，被认为是太阳或火的象征，在古代印度、波斯、希腊等国家都有出现。佛教认为它是释迦牟尼胸部所现的"瑞相"，是"万德"吉祥的标志，唐武则天将此字定音为"万"。卍字纹即用"卍"字向外延伸组成四方连续纹样，连续不断的卍字纹称作曲水，表示连绵长久之意，多用作纹样边式或底纹，又可演化成各种"万寿锦"锦纹，寓意"绵长不断"和"万福万寿不断头"，多用于德高望重的长者的服饰与装饰织物中。

（9）盘长纹

盘长纹又称吉祥纹，取自绳结形。绳结的形状没有头与尾，连绵不断，因而盘长在佛教中象征庄严吉祥、佛法回环贯彻，为法器之一。盘长纹以绵延不断的造型寓意家族兴旺、子孙延续、富贵吉祥，是中国古代常见的纹饰之一。

（10）球路纹

球路纹又称毬路纹。纹样以一大圆为一个单元形的中心，四周配以若干小圆，分布在上下左右或者四角，圆圆相连，并向四周循环发展，也可在大小圆形中配以鸟兽或几何纹，组成四方连续纹样。球路纹是自然形与几何形有机结合的经典案例，其与联珠纹、团花纹有格式发展的内在联系。

（11）联珠纹

联珠纹是指在团纹的四周饰以若干小圆圈，圆圆相套相连，如同联珠，向四周循环发展，形成大圆的主题纹样，并组成四方连续纹样。联珠纹借"珠"的美好，喻"珠联璧合"，后发展出了在大圆、小圆中间配以鸟兽或几何纹的样式。联珠纹在中国原始时期的彩陶装饰中就已萌芽，隋唐时期受当时波斯萨珊王朝的图案影响，成为当时的流行纹样。唐代画家阎立本创作的《步辇图》中，便刻画了人物服饰上的联珠纹，在考古出土的北朝至唐代丝绸中也可以看到大量联珠纹样。

（12）回纹

回纹是指以直线或曲线折绕组成如汉字"回"的一种中国传统纹样。"回"字被古文字学家认为是源自水在流动时产生的漩涡形态，寓意连绵不断、吉利永长、富贵不断头。回纹在造型上多以直线或曲线重复排列，体现秩序、严谨的纹样美感。回纹最早可追溯到上古陶器与商周青铜器上的纹样，后被广泛地运用在服装装饰中，有作为领口、袖边的镶边装饰，也有作为服装图案的底纹。

（13）八达晕纹

八达晕纹是以一个中心点往外向八个方向扩散，以重复构成为格式的纹样。纹样结合圆形、方形、菱形等几何形进行交叉组合，并点缀龙凤、莲花、牡丹花、梅花等花卉纹，于有序中彰显出繁复与华丽。八达晕纹是古代书画装裱用锦的主要常用纹样。

（14）几何花纹

几何花纹以抽象的点、线、面组合构成方形、三角形、圆形、菱形等几何形，并以大小、位置、方向、数量等要素形成千变万化的纹样造型，既表达了自然界中的物质的抽象性一面，同时也表达了对自然形的概括与提炼。几何花纹又因符合织物的织造工艺，成为织物中常见的一种纹样。

（二）色彩与寓意

中国传统文化中具有象征意义的"五色"说，多以象征阴阳五行或五方神力的黄、青、白、红和黑色代表，奠定了色彩的基本特征，并构成纹样色彩的基本设色。织物纹样用色更关乎社会习俗、季节、功能、身份、审美，以及材料的染色与织造工艺。撇开宫廷服装与装饰织物的用色与禁忌，中国传统织物纹样色彩主要受道教与儒家文化的影响，呈现含蓄内敛、稳重端庄的气质，多以柔和、平静、和谐的色调为主要特征，以体现对大自然的效仿，体现追求与大自然和谐共生的一种审美观。数千年来，由于文化的作用，服饰与装饰织物的用色存在许多界定，色彩有着象征与寓意，也同样存在很多禁忌。如《汉书》"绿帻，贱人之服也"，汉代有"五时服色"；唐代规定"士庶不得以赤黄为衣"；宋代以紫为贵；元、明、清又以绿、碧、青三色为从事"贱业"者的服装用色；历代文武官员更是按官位等级选择服装色彩，这些都直接影响到织物的配色。

中国古人很早就懂得染液的提取，野生的靛蓝草、茜草、红花等植物的花、叶、根茎、果皮等都可获取颜色，由此染色称"草木染"，这点也反映在颜色的命名中。随着织造和染色技术的发展，明清织物对颜色的分类和称谓已非常丰富，这些名称多源自形象化的自然物象，其中有较为饱和的胭脂色、秋香色、靛青，低纯度的缃色、妃色、黛青、鸭蛋青以及无色系的象牙白、葱白、熏黑等。天然植物染料与丝线的易着色特点，使丝绸织物的色调较之绘画有着更高的彩度和质感。织物中金银线的运用，更使得纹样的色彩于温润中透着华丽。明末清初的屈大均在《广东新语》中曾记载："有以孔雀毛绩为线缕，以绣谱子及云肩袖口，金翠夺目，亦可爱。"可见，"线"的多样化更增添了纹样的色彩表现力。在创作者追求真实的朴素造型的观念的作用下，在明清工艺美术如五彩、斗彩、粉彩等瓷器配色的影响下，还有在中国画的工笔用色——色彩的退晕表现的作用下，锦绣纹样上的色彩或清淡雅致，或浓艳明丽，或强调对比，总之逐渐变得更丰富，更细腻，更有层次感，无论是写实还是写意的造型，都刻画得更加深入细致。

目 录

植物纹样

动物纹样

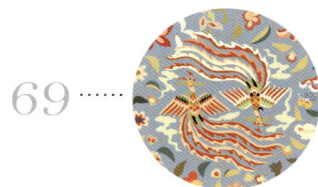

人物纹样

植物纹样

1 宝相花纹

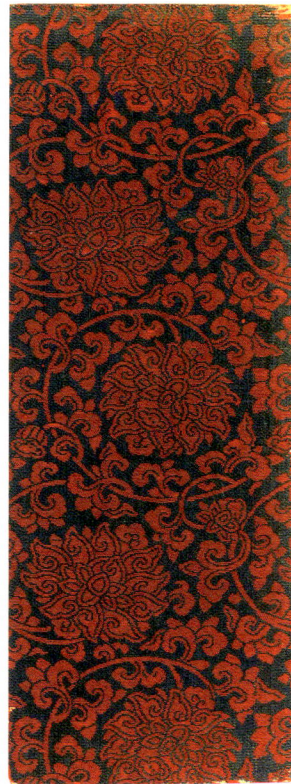

明：深地缠枝宝相花两色罗

北京艺术博物馆藏

　　此织物以两色罗为工艺，以深色为地，以红色织宝相花纹。源自佛教艺术的宝相花以牡丹花、莲花为主体，并融合了菊花、石榴花等多种花形。此织物以宝相花为花头，结合缠枝骨式，突出主茎线对花头的缠绕以及重复反向错结的排列格式，呈现出寓意吉祥、美满、富贵的缠枝宝相花纹。

2 宝相花纹

明：绛紫地缠枝宝相花两色缎经皮

北京艺术博物馆藏

　　此织物以绛紫色为地色织蓝色花纹形成两色缎织物，纹样由缠枝宝相花构成。宝相花以牡丹花为花心，外层以卷曲的线条刻画出变形的莲瓣，组成朵花式宝相花，并以缠枝骨式的叶纹连接花头，塑造出富有动态却不失严谨的样式。织物呈现出色彩对比有度、纹样层次分明的视觉效果，以体现寓意吉祥的宝相花题材。

3 宝相花纹

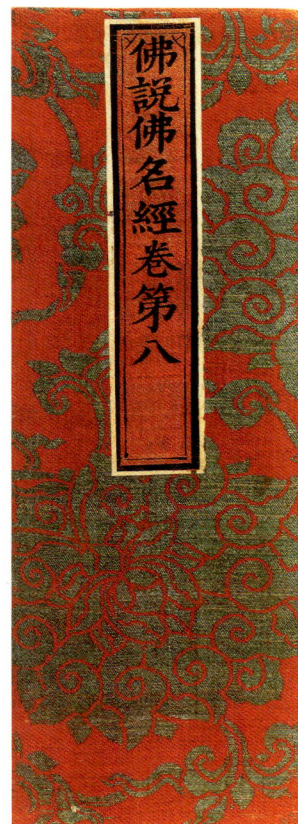

明：木红地缠枝宝相花两色缎经皮

北京艺术博物馆藏

　　此织物以木红为地，以浅绿色织缠枝宝相花构成花纹。纹样内层为写实的莲瓣，结合外层的变形莲瓣组成宝相花，在意象的组合中呈现出饱满的造型，寓意美满与吉祥，体现了佛教花卉的内涵。在色彩上，红地绿花仍沿袭明代主流的配色方式，在对比中呈现出明丽的视觉特征。

4 缠枝纹

明：深地缠枝莲菊纹织锦缎

北京故宫博物院藏

　　此织物以深色经纬线织五枚二飞缎纹地，片金线织莲花、菊花构成缠枝纹。莲花是佛教中净土世界的代表花，象征了圣洁；菊花是花中隐逸者，也是傲霜之花和君子之花，象征了高洁和坚贞不屈，以及吉祥和长寿。一莲一菊，交错循环，并与缠枝茎叶组合，形成多重而丰富的内涵，明度的对比增强了纹样的层次表达。

5 缠枝纹

明：绿地缠枝莲花牡丹两色缎经皮

北京艺术博物馆藏

　　此织物以大朵的莲花、牡丹花与卷曲的藤蔓构成缠枝莲花牡丹纹。兼工带写的莲花与牡丹花造型，虚实相错，加之藤蔓与花卉的一动一静，使纹样显得鲜活而富有生气。缠枝纹兴起于唐代，盛行于元、明、清三代，枝茎表现多样。此织物是波状缠枝的典型结构，柔美中不失力度，彰显了缠枝花卉纹的内涵与魅力。

6 缠枝纹

明：红地折枝牡丹菊花纹双层织物

北京故宫博物院藏

这是一件以红色经纬线织平纹地，以绿色经纬线织牡丹花、菊花等平纹花的织物。花纹两排一循环，交错排列，一排为菊花，花头朝下，一排为牡丹花，花头朝上，形成中间花、周围枝叶的团形四方连续纹样。此织物纹样构思巧妙，织造细腻，具有明代装饰风格，并以经典花卉组合呈现"富贵长寿"的美好寓意，是明代双层织物中的珍品。

7 缠枝纹

明：黄地缠枝菊莲纹两色罗经皮

北京故宫博物院藏

　　此织物以黄色地经和绞经相绞，再与地纬交织成二经绞平纹罗地，上以红色绒线为纹纬与地经通梭交织成缠枝菊莲纹。此罗纹样结构繁简有序，叶茎波卷富有动感，菊花与莲花以对称格式为造型样式，结合明快的用色，呈现唯美、优雅的经典缠枝纹，是明代两色罗中的珍品。

8 缠枝纹

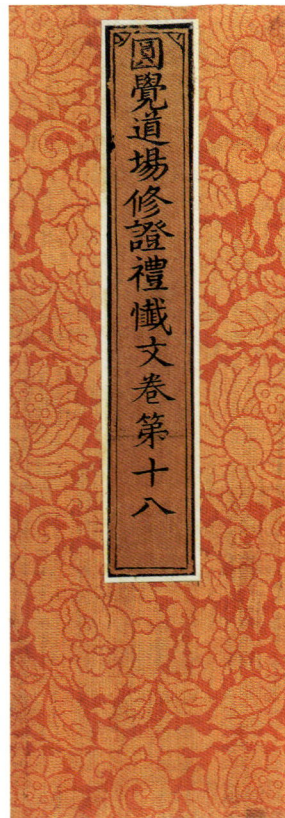

明：红地缠枝牡丹莲双层锦经皮

北京艺术博物馆藏

　　此织物在红地上织鲜艳的黄色花纹。莲花和牡丹花布局紧凑，花头圆润饱满，曲线的外轮廓增添了造型的柔美。纹样以缠枝花式为骨式，繁密的花卉半遮半掩了粗壮的主茎，清晰的脉纹使纹样更富有细节，增强了纹样的表现力。

9 缠枝纹

明：普蓝地缠枝花卉两色纱

北京艺术博物馆藏

　　此织物在普蓝地上织红色花纹，形成缠枝花式纹样。纹样在造型上以粗壮有力的主茎线绕过花头呈近似封闭的圆形，与莲花、芙蓉、菊花相组合，相互映衬。莲花、芙蓉呈侧面观，菊花呈正面放射状，加上纹样色彩的强烈对比，使纹样在严谨中显现活泼感。

10 缠枝纹

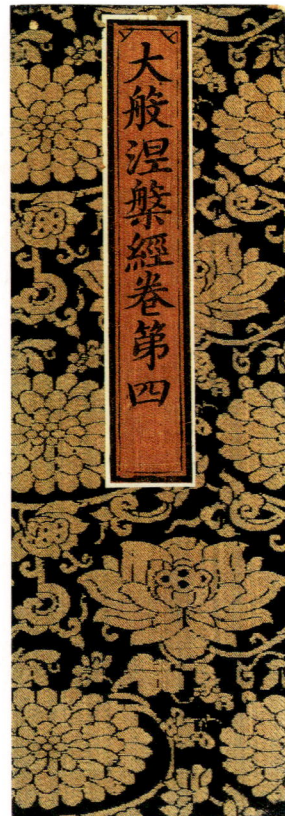

明：藏蓝地缠枝菊莲两色缎经皮

北京艺术博物馆藏

　　此织物以藏蓝色为地，以黄色为花构成两色缎织物。纹样以缠枝花为骨式，运用藤蔓波卷茎叶缠绕花朵。花朵为菊花和莲花：菊花呈正面放射状，花瓣四重；莲花呈正侧面观，并长出莲蓬。两花分别各自重复排列成行，形成两行错位组合的四方连续循环纹样。纹样于浑厚中不失细节，于秩序中不失动感。

11 缠枝纹

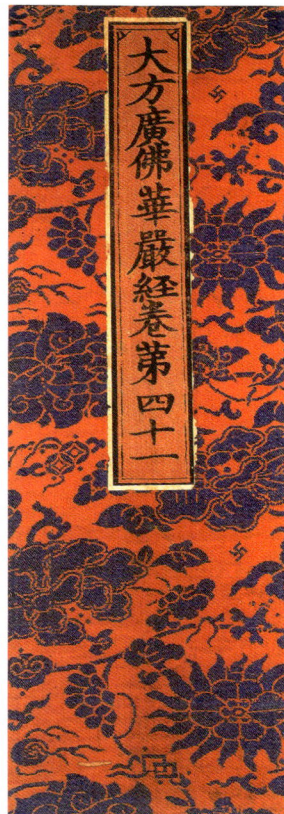

明：木红地缠枝花卉杂宝两色缎经皮

北京艺术博物馆藏

此织物在木红地上以蓝色织缠枝花卉及杂宝纹形成两色缎织物。蓝色的花朵深沉宁静，与稳重的木红色既形成色相的对比，又在内蕴上保持和谐。而多种花头与杂宝的造型组合，使纹样丰富而充满层次感。其中形似葵花的花头造型在织物纹样中较为罕见。

12 缠枝纹

明：蓝地缠枝花卉加金妆花缎

北京艺术博物馆藏

此织物在蓝地上以多色丝线织花卉纹样。纹样以缠枝为骨式，由海棠花、莲花、牡丹花等组合而成。海棠花为重瓣结构，五根花蕊伸展于五个花瓣之上，并以妃色勾边，以呼应花瓣的主色块；莲花长出饱满的莲蓬，莲叶写实，莲花以天蓝色勾边，以深蓝色填色；牡丹花以简洁的造型表现花与叶，花头以浅蓝色勾边，以天蓝色填色。纹样通过不同深浅或相近色相来达到色彩的和谐，其中的金线更增强了装饰效果。

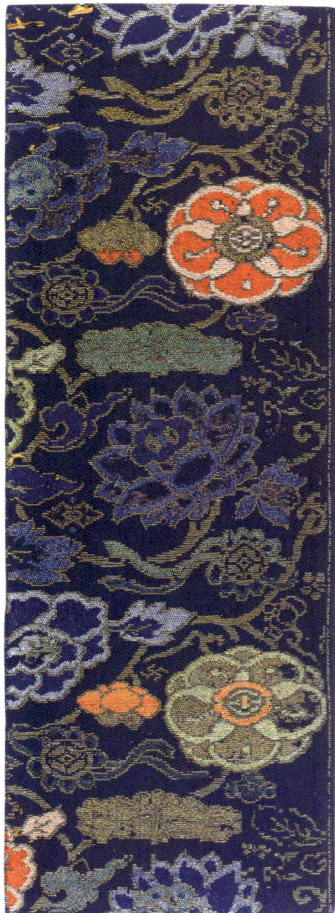

13　缠枝纹

明：蓝地缠枝花卉加金妆花缎

北京艺术博物馆藏

　　此织物由盛开的牡丹花、莲花和花瓣卷曲的山茶花以缠枝骨式构成纹样。花头圆润饱满，茎叶枝繁叶茂，彼此相叠。主纹之外的空地上可见细小的杂宝符号，如方胜、钱纹等，以及直接装饰在花心的钱纹，从而形成华美多彩的缠枝花卉纹。

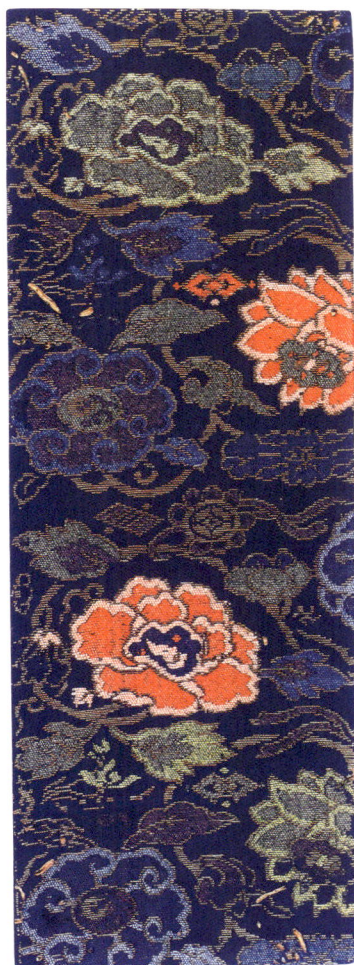

14 缠枝纹

明：大红地芙蓉海螺双层锦

北京艺术博物馆藏

　　此织物在大红地上织黄色缠枝芙蓉花构成纹样。芙蓉朵花呈正侧面观，卷曲的叶茎以缠枝骨式形成花头，两两相对。花头造型圆润饱满，叶子造型五裂呈掌状，并饰有清晰脉纹，十分写实。空地上点缀海螺等纹样，增添了层次感与细节的表达，同时传达了高洁、美好的吉祥寓意。

15 折枝纹

清：白色折枝花纹绫

美国大都会艺术博物馆藏

　　此织物为清代绘画作品《乞丐图》的天头部分。织物在米灰色地上填饰折枝花纹，一朵上扬，一朵下垂，形成四方连续循环纹样。花型简洁，结构有序，于和谐中透出雅致的美感。花朵的大小、叶子的疏密形成画面的对比，打破了色相与明度的极度近似性。

16 折枝纹

明：木红地折枝花卉纹锦

北京艺术博物馆藏

　　此织物以木红为地，装饰散点式折枝莲和折枝牡丹，莲花和牡丹花交错排列。隔行纹样相同，但色彩不同，折枝莲花和牡丹花的花枝方向正好相反。可以看见，通过折枝花方向和色彩的改变，主纹在规则有序的排列中又富有变化。

17 团花纹

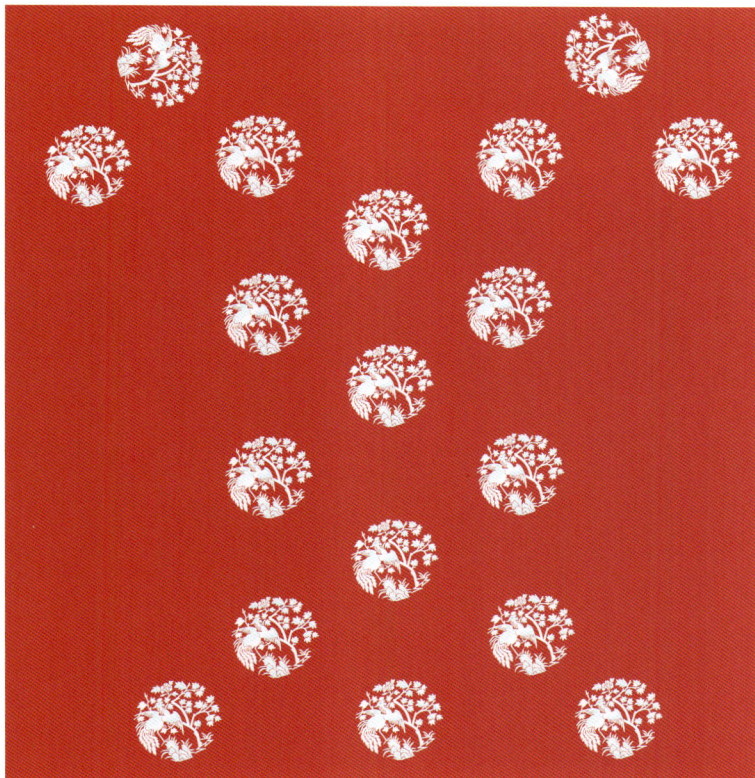

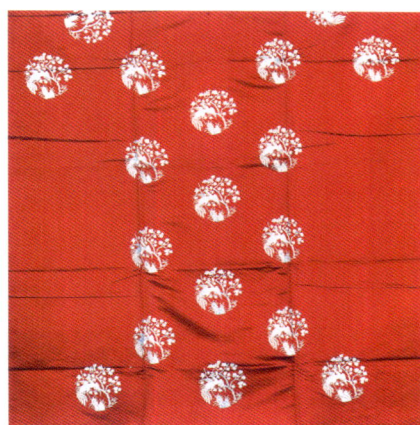

清：绛色缎绣彩凤戏牡丹团花纹衬衣料

北京故宫博物院藏

　　此衬衣料以绛色缎面为地，以亮色绣线绣出凤戏牡丹的主题纹样。作品采用苏绣工艺，运用2-4晕色法，结合正戗针、鸡毛针、扎针等主要针法。纹样以中国意象化神鸟凤和寓意富贵美丽的花中之王牡丹组合成"凤戏牡丹"的经典纹样，以象征吉祥如意、一团和气的团花格式形成单元形，错位组合排列完成纹样造型。同时，刺绣的工艺也增添了细腻秀美之感。

18 团花纹

清：刺绣八团纹女袍料

中国丝绸博物馆藏

　　此袍料以红色为地，以刺绣为纹样工艺，采用团花格式。纹样以中心圆和边框构成团花，中心圆饰以花篮纹，边框则以暗八仙、蝙蝠等纹饰构成。中心花篮纹构图饱满充沛，边框纹的暗八仙纹以均衡的布局实现了造型上的多样统一。团花以多套色为色调，边框中点缀的亮色蝙蝠恰到好处地与中心花篮纹呼应，使整体纹样呈现出层次分明、对比明确却不失和谐的视觉特性。

19 团花纹

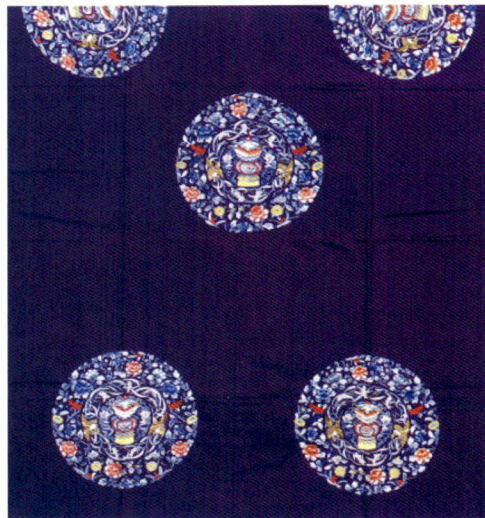

清：黛紫色绸绣五彩八团五谷丰登纹便服袍料

北京故宫博物院藏

　　此便服袍料以黛紫色绸为面料，以红、绿、蓝、黄、白为纹样主色调，并以17色绒线绣团花纹。团花正中为莲花灯饰，四周以牡丹花、万年青、石榴、芙蓉、菊花、桂花围成团花边饰，纹样繁华细腻，紧致有序，有着富贵荣华、长寿多子的美好寓意。

20 团花纹

清：玄色地团花蝴蝶纹袍料

中国丝绸博物馆藏

　　此纹样以玄色为地，饰以刺绣团花。白蓝相间的花苞枝蔓缠绕，形成圆状，中间穿插轻盈的彩翼粉蝶，显得相得益彰，构成团花。小面积的色相对比，使纹样色调在和谐中不失视觉的张力。纹样造型丰富细腻，表现出团花的美好吉祥寓意。

21　岁寒三友纹

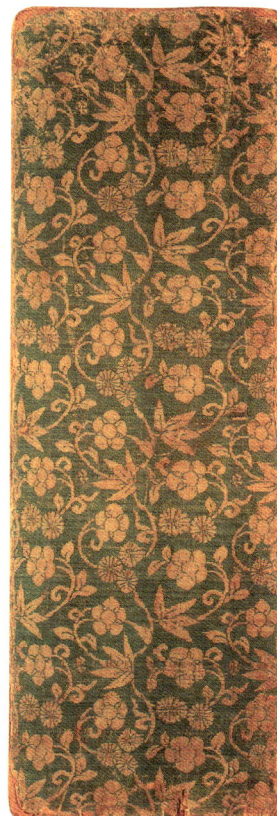

明：绿地缠织松竹梅闪缎

北京艺术博物馆藏

此织物在绿地上织黄色花纹。纹样以主茎交替环绕朵梅，主茎上有规律地装饰成组的竹叶、松针纹，纹样细密精致。主茎作波状延伸，松针三个一组，两个一簇，四片竹叶组成掌状，还有正在盛开的五瓣梅花。松、竹、梅三种植物虽不同属科，却均不畏严霜，被称为"岁寒三友"，象征清雅高洁，寓意历经考验的忠贞友谊。岁寒三友纹也是中国传统的吉祥纹样。

22 竹叶纹

明：茶绿地平安竹闪缎经皮

北京艺术博物馆藏

　　此织物以茶绿地闪色提花工艺表现了黄色平安竹纹。纹样主茎线条明显，竹叶或三片一组，或四五片一簇，排列比较自如，主茎有时环绕梅花，有时环绕灵芝，颇富变化。竹具有坚韧挺拔、宁折不弯、不惧严寒酷暑、万古长青的品行，是君子的化身，被认为是正直富有气节的植物。它与梅花、灵芝的组合，具有坚韧高洁、长寿多福等吉祥如意的寓意。

23 竹叶纹

清：石青缎地压金彩绣红芝仙竹团金寿纹衣料

中国丝绸博物馆藏

　　此织物在石青色的背景下，运用精湛的刺绣手法描绘灵芝、兰草、修竹等典雅事物，寓意女性如同芝兰修竹般文静美好，同时使用金线压制出寿字团纹，寓意延年长寿。纹样色泽典雅，工艺手法精湛。

24 灵芝纹

明：织金无极灵芝缎

定陵博物馆藏

此织物以黄色为地，地纹为暗花无极灵芝纹，以灵芝为花托，上承无极纹，并作阴阳鱼形，六则，整剖光。花纹单元长 11.8 厘米，宽 11.5 厘米。"无极"为道教术语，为宇宙间的境界，而阴阳鱼则表达了事物的静与动以及相互转化。灵芝是福星手持之物，以示福气浩荡、吉祥如意。纹样寓意深厚，表现了丰富的内涵。

25 牡丹花纹

清：满地五彩锦

中国丝绸博物馆藏

此织物为一满地五彩锦。这种流行于宋元时期的名为"锦地开光"的纹样，在明清时期仍有沿用，且打破了"开光"窠形的束缚，在满地琐纹之上添加花卉纹样。这可能就是真正的"锦上添花"了。造型重复的牡丹花花头通过色彩的变化显得丰富而精致，呈现出富贵华丽的纹样内涵。

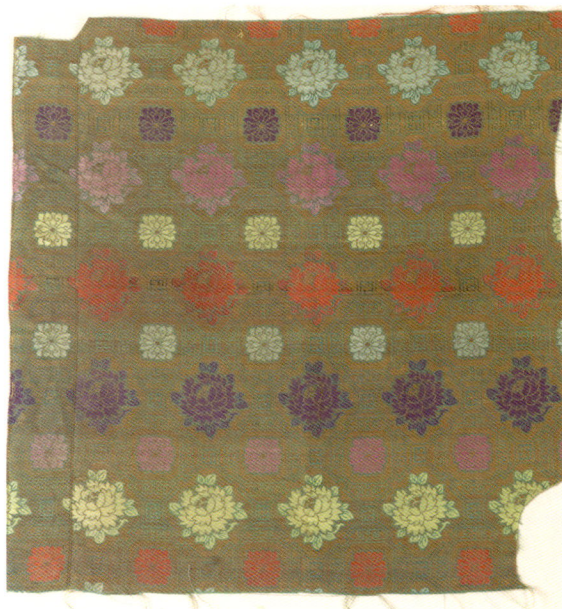

26 牡丹花纹

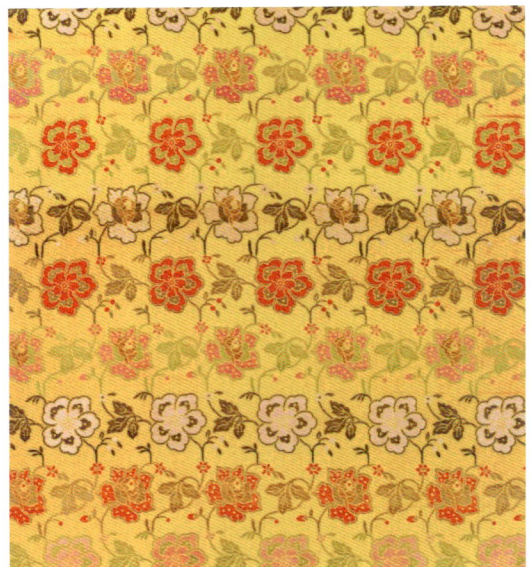

清：黄地折枝牡丹花纹锦

北京故宫博物院藏

　　此织物以黄色经纬线织八枚三飞经面缎纹地，以红、瓦灰、粉、浅粉、蓝、果绿等色绒线为纹纬织折枝牡丹花纹。此锦花纹以分段换梭、纬斜纹提花工艺织造，花头部分采用两晕色技法。花中之王牡丹花通过优美的折枝呈现出婀娜柔美的一面，表达了吉祥美好的寓意。

27 牡丹花纹

明：明黄地缠枝牡丹两色纱

北京艺术博物馆藏

　　此织物以黄色地织红色花纹。纹样为缠枝骨式，以牡丹花为题材。牡丹花的主茎线苍劲有力，富有弹性，主茎线上满饰花叶。牡丹花的花头硕大，造型手法写实，并通过紧凑的排列、花头方向的变化，以及与缠枝的结合，形成婉转流畅、富丽绚烂的视觉效果。

28 牡丹花纹

明：缠枝牡丹双层锦经皮

北京艺术博物馆藏

　　此织物以褐色地织浅土黄色缠枝牡丹。纹样为缠枝骨式，牡丹花呈侧面观，花瓣繁复错落，花头饱满，叶片舒展自然。深色地配浅色花，虽是两套配色，却因纹样的构图饱满与造型完美，使得整体色彩层次分明不显单调。而色彩的素雅特征，更使画面在沉稳中呈现牡丹花的富贵吉祥气息。

29 牡丹花纹

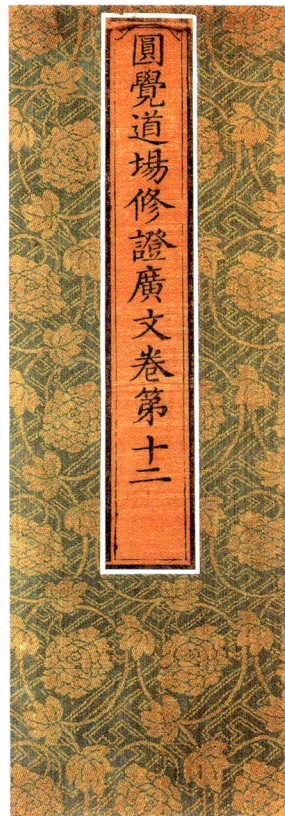

明：绿地曲水缠枝牡丹纹两色绸经皮

北京艺术博物馆藏

　　此织物以绿色为地织黄色花。纹样以曲水纹为地纹，以缠枝牡丹纹为主花纹，主茎线环绕花朵接近正圆，相邻花朵以交切圆形式相连接，主茎上装饰掌形的叶片。纹样造型灵动柔美，于层次分明中呈现出秀雅别致的造型特征，以表现牡丹花富贵吉祥的寓意。

30 牡丹花纹

明：蓝地织木红色缠枝牡丹纹两色绸

北京艺术博物馆藏

　　此织物纹样以缠枝牡丹为主纹，旁边巧妙衬托以如意云纹，寓意富贵如意。纹样在造型上以略微夸张的手法，以及平行错位的排列形成鲜明的节奏感、动感和活力。纹样用色对比强烈，织造细腻，层次明确，堪称明代两色绸中的精品。两色绸始见于明，其特点是经纬线的色彩不同，经线织地，纬线显花，与闪缎的织法和效果相似。

31 牡丹花纹

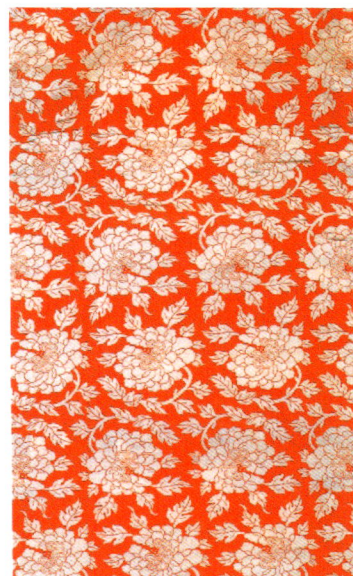

清：红地折枝牡丹纹闪缎

北京故宫博物院藏

　　此织物为七枚三飞缎纹组织，以红色加强捻较细丝线为经线，以绿色无捻较粗丝线为纬线织牡丹花纹样。纹样为两排一循环，上下交错排列，寓富贵无边之意。此缎织造细密，构图简练，色彩对比强烈，纹样富丽大方，是闪缎中的精品。

32 牡丹花纹

清：牡丹纹女短袍

美国费城艺术博物馆藏

　　此织物以明亮的湖蓝色为地，织牡丹折枝花纹，牡丹花以亮白色为花瓣与枝叶，以灰色为花心，塑造出花的层次感。牡丹花造型写实，色彩鲜明，以横向排列，两排反向错位，形成循环纹样。纹样空间匀称，图与地的关系吻合，于秩序中不失细节变化。

33 牡丹花纹

清：漳绒牡丹纹女短上衣

美国费城艺术博物馆藏

　　此纹样以独枝缠枝花为骨式，主花为大朵的牡丹花，其间点缀石榴、桃花，以及饰有寿字纹的桃实。纹样以缠枝方式呈现出造型舒展、柔中有力的特征。漳绒工艺赋予纹样以立体感，于华美间透出细腻精致的细节表现，体现出题材的寓意与内涵。纹样以亮紫色缎为地，以漳绒工艺表现出黑色花纹，色调极具对比，缎地显得华丽，而漳绒纹显得持重端庄。

34 牡丹花纹

清：蓝地织彩缠枝牡丹纹漳缎

北京故宫博物院藏

此织物以浅绿、深绿、大红、玫瑰紫、粉等绒经织缠枝牡丹纹样，以缠枝为骨式，以折枝花为造型，简练单纯的构图形成整体纹样。写实而富于动感的牡丹花栩栩如生，并呈现出很强的立体感。细腻的织造工艺，增添了纹样的精致华丽感，以传达主题纹样缠枝牡丹"富贵绵长"的寓意。此缎是明清漳缎中用色最多、织工最佳的精品。

35 梅花纹

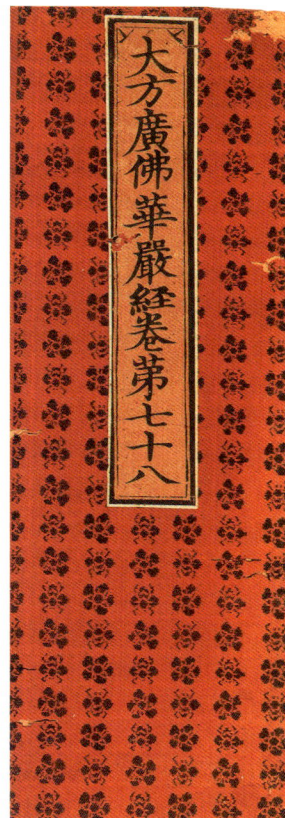

明：大红地蜂赶梅纹两色缎经皮

北京艺术博物馆藏

　　此织物以大红为地织深色纹样。纹样以正面放射的团状梅花为造型，蜜蜂巧妙地与梅花外轮廓形成近似的形态。梅花与蜜蜂两两相错，并以垂直与水平的井字重复排列，循环成四方连续纹样。红地蓝花，色彩对比强烈，图案跳跃欲出，生动刻画出中国传统织物中为人们所喜闻乐见的梅花纹样。

36 梅花纹

明：蓝地朵梅两色缎经皮

北京艺术博物馆藏

　　此织物以蓝色为地织浅色梅花纹。纹样为散点式四方连续，梅花或呈正面放射状，或呈侧面观，造型或大或小，显示出独具匠心的变化。深色地织浅色花纹，稳重而不失活泼，展现了梅花的冰肌玉骨、凌寒留香的气质。

37 梅花纹

明：墨绿地朵梅潞绸经皮

北京艺术博物馆藏

　　此织物以墨绿为地织黄色朵梅纹，以斜线骨架均匀排列梅花，形成四方连续纹样。梅花花心以相套的大小圆圈表示，花瓣之间露出花萼。潞绸是绸的一种，产于山西，始见于明。其特点是经纬线不同色，经线为地，纬线显花。纹样于整体中呈现秩序感和美感，高密度的重复排列使画面构图饱满，色彩的明度对比使纹样不显单调。

38 梅花纹

明：酱色地朵梅蜜蜂纹双层锦

北京艺术博物馆藏

　　此织物以酱色为地织蓝色朵梅蜜蜂纹。纹样为散点式构图，梅花呈正面放射状，周围环绕着蜜蜂，静态的梅花和动态的蜜蜂相结合，亦静亦动，颇具美感。稳重的酱色地结合纯净的天蓝色主纹，颇有一种清新之感，表现了传统纹样中的"岁寒三友"之梅花。

39 菊花纹

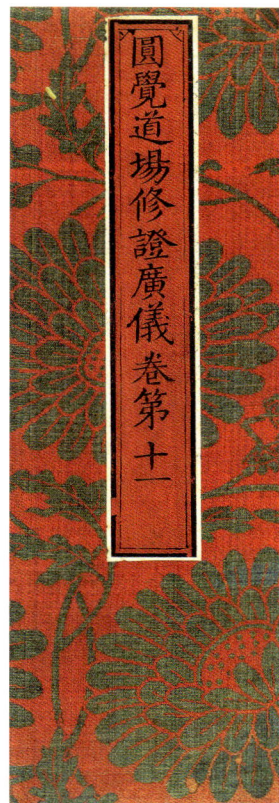

明：木红地缠枝菊花纹双层锦经皮

北京艺术博物馆藏

　　此织物在木红地上以柳绿色丝线织盛开的菊花纹。纹样以缠枝为骨式，主茎线柔软圆润，菊花或呈正面放射状，或呈正侧面观，一正一侧、一上一下错位横排与缠枝相绕。花心以若干小圆点表示，花瓣两重组合，并以艳丽的配色呈现出动中有静的节奏感。菊花在中国被喻为"四君子"之一，象征文人的气节与人格，它既有隐士的超然又有斗士的坚定果敢，因此常为织物表现的题材。

40 菊花纹

明：洒线绣绿地五彩菊花纹经皮

北京故宫博物院藏

　　此织物以红色直经纱为底纱，以浅绿色衣线绣菱形锦纹地，上以绿、红、黄、蓝为主色调，用18色衣线和绒线绣制花纹。构图以一株怒放的菊花居中，上部边缘为如意云纹，下部绣海水江崖纹。纹样以丰富的造型、明丽的对比色，呈现出菊花的秀姿，刻画出菊花的"待到秋来九月八，我花开后百花杀。冲天香阵透长安，满城尽带黄金甲"的品格。

41 菊花纹

明：褐色地缠枝菊双层锦

北京艺术博物馆藏

　　此织物在褐色地上以黄色丝线织缠枝菊花纹。菊花或呈正面放射状，或呈侧面观，花瓣繁复，花头饱满，有一种重量感，主茎绕过花头几成正圆，并以造型写实的叶片点缀。纹样以调和色相与明度对比的配色，呈现出清新雅致的纹样风格，以表现出菊花之超凡脱俗的隐逸品行。

42 莲花纹

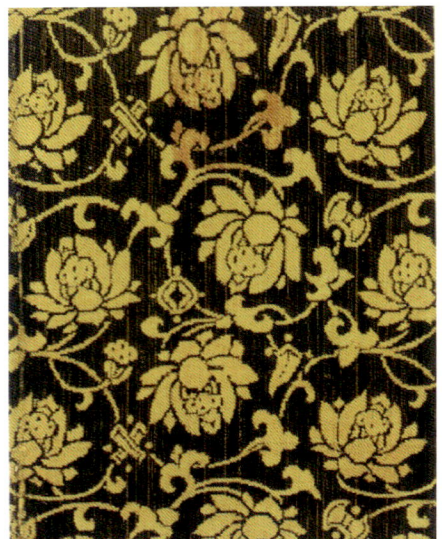

明：绿地黄缠枝莲纹两色缎

北京故宫博物院藏

　　此织物为五枚二飞缎纹组织，以较细的绿色丝线为经线，以较粗的黄色丝线为纬线双股并用显花。纹样以缠枝莲为主纹饰，间饰犀角、古钱、银锭等杂宝纹。此缎花地分明，色彩明快醒目，素雅庄重，杂宝纹更是烘托了莲花纯洁高雅的气质。

43 莲花纹

明：蓝绿地缠枝莲闪缎

北京艺术博物馆藏

　　此织物在蓝绿地上织缠枝莲纹。纹样以缠枝为骨式，莲花造型简单秀巧，呈侧面观，未长出莲蓬。重复的缠枝莲密集排列，营造出丰富的画面，而缠枝的骨式特性更给莲花带来了柔美和动感的视觉效果，蕴含了莲花香馥长远、绵延不断等美好寓意。

44 莲花纹

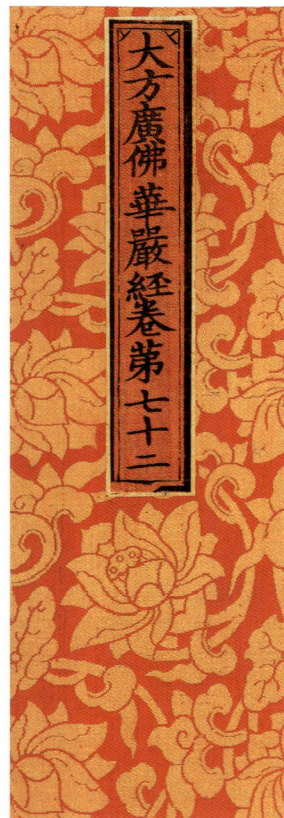

明：大红地缠枝莲两色缎经皮

北京艺术博物馆藏

　　此织物在大红地上织黄色缠枝莲纹。纹样中的莲花，有的正在盛开，有的已长出莲蓬，部分写实的荷叶穿插其间，点缀了交叉的枝蔓，近似的莲花造型因花头方向的不同使纹样富有变化。红地黄花，呈现出艳丽而明快的风格，展现了莲花傲然独立、纯洁清白的美好品格。

45 莲花纹

明：杏黄地八宝缠枝莲纹织锦缎

北京故宫博物院藏

　　此锦缎以杏黄色经纬线织五枚二飞缎纹地，以片金线织莲花纹。莲花为尖瓣小莲芯，枝叶变形夸张，缠绕莲花并成S形。犀角、火珠、珊瑚等杂宝纹间饰其中。莲花在佛教里象征西方净土，是孕育灵魂之处，以美、爱、长寿、圣洁的综合寓意成为传统吉祥纹样之一。

46 莲花纹

明：绿地缠枝莲纹织金纱裱片

北京故宫博物院藏

此织物在绿地上织金纱缠枝莲纹。莲花以缠枝骨式表现出婉转自如的莲花枝干，刚柔并举，层叠花瓣塑造出极具立体感的花头造型，加上规律性的方向变化，以及小叶子的丰富点缀，呈现出宁静、愉悦、超脱的莲花之美，无疑是明代织金纱中的珍品。

47 莲花纹

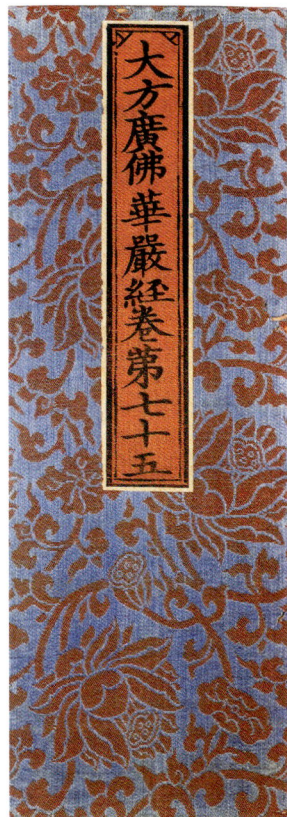

明：蓝地缠枝莲两色缎经皮

北京艺术博物馆藏

　　此织物在蓝地上织缠枝莲纹。缠枝骨式的莲花不仅造型饱满，而且生出的莲蓬与花的主茎上沉甸甸的莲蓬相呼应，栩栩如生的荷叶点缀其间，呈现出枝繁叶茂的莲花主题，刻画出莲花出淤泥而不染、洁身自处、超脱红尘的圣洁与超然品性。

48 兰花纹

清：缂丝兰花纹半正式女式马甲

美国费城艺术博物馆藏

此纹样选自清缂丝兰花纹半正式女式马甲。纹样以亮黄为地，前襟为三组缂丝兰花，以深浅变化的蓝色为叶，亮色调蓝白色为花，并饰有灰色根须。兰叶舒展，兰花俏丽，写实的造型呈现出兰花的婀娜与雅致。兰花纯正幽远、沁人肺腑的香气自古以来受人喜爱。在中国传统文化中，养兰、赏兰、绘兰、写兰，被视为修身养性、陶冶情操的重要途径。兰花也是植物中的"四君子"之一，象征高洁、纯朴、贤德、高尚的品格。

49 兰花纹

清：宝蓝地兰蝶纹妆花缎马褂料

北京故宫博物院藏

　　此衣料以宝蓝色经纬线织八枚三飞经面缎纹地，以捻金线和白、绿、湖、姜黄、香、粉、米等色绒线为纹纬，挖梭盘织兰花与蝴蝶纹。此缎纹样写实，对兰花的花头乃至根须都做了非常细致的刻画，配色夸张，有刺绣的效果，呈现出兰花高洁、俊雅、美好的形象，是非常典型的晚清织品。

50 葫芦纹

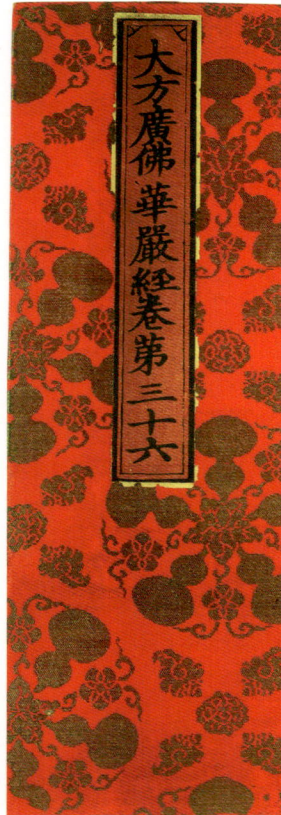

明：大红地五湖四海两色缎经皮

北京艺术博物馆藏

　　此织物在大红地上织绿色葫芦纹。纹样以五个葫芦围绕葫芦叶为中心作向心式构图，呈团纹状；四个海螺也作向心式布局。两个团纹谐音"五湖四海"，寓意广袤土地上的团结与祥和，而其中的葫芦更寓意"福禄"。纹样整体传达出安康吉祥的内涵。

51 葫芦纹

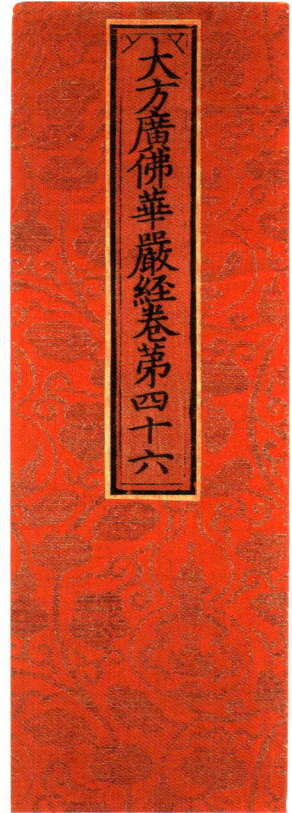

明：大红地葫芦万代织金缎经皮

北京艺术博物馆藏

　　此织物在大红地上以金线织缠枝葫芦纹。粗壮的主茎线作为骨架线呈波状延续，环绕葫芦几乎呈正圆，主茎上装饰写实的叶片、葫芦须以及五瓣花，整体画面呈现出构图饱满、疏密有序的葫芦纹主题纹样。葫芦谐音"福禄"，寓意着健康、长寿与平安，枝繁叶茂的葫芦藤蔓更寓意着子孙万代、繁茂吉祥。

52 葫芦纹

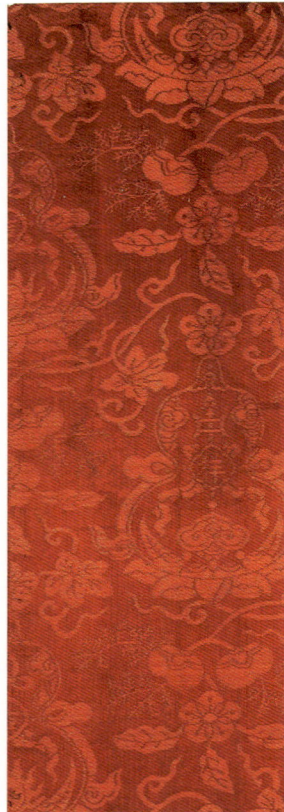

明：大红地吉祥事事如意葫芦纹两色缎

北京艺术博物馆藏

　　此织物在大红地上织葫芦纹。一段段波状主茎上装饰着葫芦花和双柿子纹，平面的葫芦纹内饰有"吉""祥"字样和灵芝纹，用谐音与象征的方式表示吉祥如意。葫芦颈部束丝带，底部外廓饰莲瓣纹；柿子稚拙写实，饱满诱人，增强了纹样的生动性。红地黄花，分外喜庆，与所表达的主题十分和谐。

53 四季花卉纹

明：红地缠枝牡丹莲菊海棠纹织金绸

北京故宫博物院藏

　　此绸在红地上用金线织四季花卉纹。纹样以朵花形式
描绘了牡丹花、莲花、菊花、海棠花，以示四季花卉，并
以花卉的各自寓意表达四季平安幸福的美好愿望。织金绸
是在绸地上用金或圆金线织出纹饰，织造成本较高，是绸
类中的上品，通常作为高档生活用品的装饰。此绸为了充
分利用金线显花，花纹排列设计十分紧密，略感繁缛。

54 四季花卉纹

明：明黄地曲水串枝花卉两色缎

北京艺术博物馆藏

　　此缎在明黄地上织红色花纹。纹样为串枝花式，花的主枝梗呈波状延伸，其上装饰花叶，菊花、牡丹花、莲花等纹样交错串联在主茎上。串枝花的骨式使纹样整体呈现出动感与活泼气息，加上色彩的明丽对比，十分贴切地表达出喜庆祥和、美好吉祥的寓意。

55 四季花卉纹

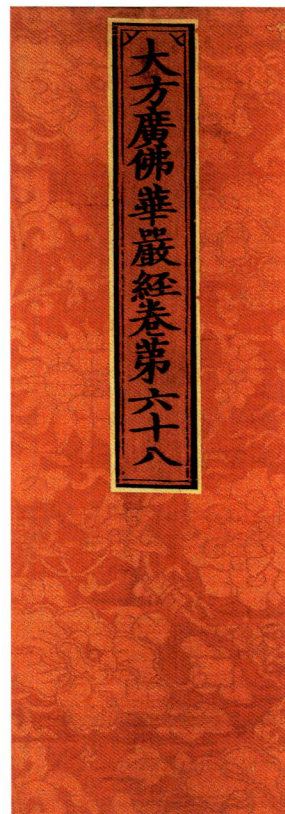

明：木红地缠枝花卉杂宝两色缎经皮

北京艺术博物馆藏

　　此织物在木红地上织缠枝花卉杂宝纹。纹样中的花卉有菊花、莲花、牡丹花、芙蓉，以缠枝骨式缠绕成一体，配以叶子及杂宝纹饰加以点缀。值得注意的是，菊花的造型非常特别，内层花瓣基本延续了通常所见的正面放射状的特点，外层花瓣则采用了夸张变化的表现方法，突出了菊花花瓣的卷曲特征。与之相应的是莲花的花瓣也加以卷曲变形。牡丹花纹也如同绘画一般，花瓣周边有流畅的轮廓线条。纹样整体紧密且不失流畅，充分彰显了其内涵意蕴。

56 四季花卉纹

明：大红地缠枝花两色纱

北京艺术博物馆藏

　　此织物在大红地上运用浅绿色丝线织出花纹。纹样为缠枝花骨式，主茎弯曲延伸，饰有造型多样的叶子；菊花呈正面放射状，两重花瓣；莲花尚待完全盛开；山茶花已经怒放；牡丹花的花蕊清晰可见。纹样虽以两色为配色，却不显单调，这是因为花卉的造型变化以及缠枝骨式的构图表现，使纹样整体呈现出有序的层次感以及明快的韵律感。

57 四季花卉纹

明：红织金缠枝四季花卉缎

定陵博物馆藏

　　此缎在红地上织四季花卉纹。纹样以缠枝为骨式，花卉有牡丹花、莲花、菊花、芙蓉，主茎饰有叶子，并以每排一种花型、四排一个循环完成四季花卉主题的纹样表现。织金为五枚缎纹组织，花纹用金线织出，经线密度为每厘米 128 根，纬线密度为每厘米 40 根。

58 四季花卉纹

明：折枝四季花卉纹织锦缎

北京故宫博物院藏

　　此锦缎以黑色经纬线织五枚二飞缎纹地，上以片金织出交错分布的四季花卉。纹样选取四种花——牡丹花代表春天，莲花代表夏天，菊花代表秋天，梅花代表冬天，用此四种花代表四季，这也是中国传统织物中常用的题材。花卉突出花头，弱化枝干，并排列紧密，形成满地花的纹样效果，以呈现出热闹繁盛的四季景象。

59 四季花卉纹

清：三蓝绣四季花卉纹女上衣

美国费城艺术博物馆藏

此纹样以牡丹花、菊花、梅花、兰花，以及桃实、佛手等纹饰构成，采用独枝花式、团花等单独元素，进行散点排列，左右襟对称布局，形成女装纹样。纹样以深蓝缎为地，运用三蓝绣手法，形成深浅丰富变化的蓝色系色调。三蓝绣是中国传统经典服饰装饰工艺，三为虚数，泛指以多种深浅不一的蓝色来表现纹样。纹样以四季花卉纹饰题材寓意四季吉祥、幸福如意，三蓝绣更使纹样呈现出素朴中的繁华气息。

60 桃实纹

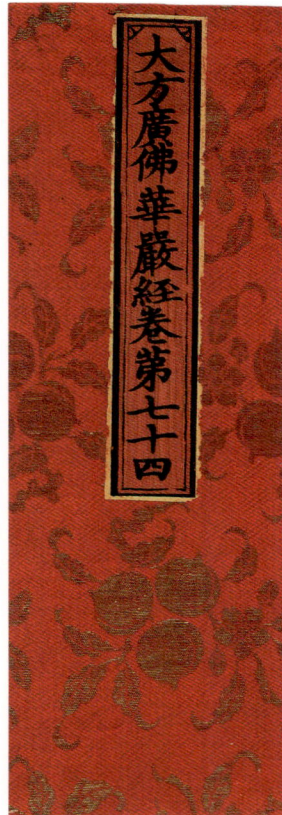

明：大红地桃实纹织金缎经皮

北京艺术博物馆藏

　　此织物在大红地上以金线织桃实纹。纹样以桃实、桃花、桃叶构成，以写实的手法描绘了桃枝上三个桃尖朝外的大桃子，桃叶修长，叶尖翻卷，配衬一朵盛开的桃花。红地金花配色，表现出富丽堂皇的气息。自古以来，桃子常被喻为仙桃，是福寿吉祥的象征，此织物的题材内涵也不言而喻了。

61 桃实纹

清：绿地桃实纹妆花绸

北京故宫博物院藏

　　此绸在绿地上以妆花工艺织桃实纹。纹样为折枝桃实，横向两排一个循环，每个折枝桃实纹或一果或两果，朝向或上或下，或左或右，在有序的排列中获得多变的样式。此绸纬线较粗，形成纹样的纹理，色泽艳丽，手法写实，该表现手法在清晚期织物纹样中最为常见。

62 三多纹

明：深地三多纹两色缎经皮

北京艺术博物馆藏

  此缎在深地上织土红色三多纹。三多纹由石榴、佛手和桃实组成，石榴皮裂开露出籽粒，寓意榴开百子；佛手形若手掌，与"福寿"谐音；桃实代表寿。三多纹寓意多子、多福、多寿，是常见的中国传统吉祥纹样。纹样将石榴、佛手、桃实巧妙地以面积和外形的近似组合进行横向错位排列，以丰富的内容获得饱满的画面感。

63 百花纹

清：绿缎绣五彩牡丹花卉纹便服袍料

北京故宫博物院藏

　　此袍料以绿色缎为面，以红、绿、蓝、黄、黑为主色调，用22种彩色绒线绣花卉纹。纹样以折枝牡丹为主题，间饰兰花、梅花、海棠花等多种花卉，以示百花汇集，形成一派丰富多彩的富贵繁荣的景致，表现许多美好的事物同时出现的吉祥之兆。此袍料为苏绣作品，绣工细腻，是后妃们所穿的便服的袍料。

64 百花纹

清：五彩绣百花纹石青女褂

美国费城艺术博物馆藏

此纹样由莲花、海棠花、梅花、桂花、兰花、柳树、石榴、佛手、蝴蝶等构成，以簇花式、团花式的单独纹样，纵向布局左右衣襟，形成对称格式。纹样配色以深地亮纹的对比，加以高明度的五彩丝线进行细节塑造，表现出华美的气息，寓意富贵吉祥。

65 花草鸟虫纹

清：浅绿地牡丹菊花蝴蝶刺绣裙片

上海纺织服饰博物馆藏

　　此裙片以浅绿为地刺绣花卉蝴蝶纹。纹样以折枝牡丹、菊花、荷花、兰花、佛手等花卉植物穿插蝴蝶纹构成。花卉为明亮的暖色，黄绿色调的叶子既陪衬了花卉，又起到与底色过渡的作用，呈现出明快且雅致的色调。花草鸟虫是中国服饰纹样中常见的题材之一。以花卉结合造型轻盈美丽的蝴蝶（谐音"耋"），象征吉祥长寿，呈现蝶恋花的美好情景。

66 花草鸟虫纹

清：刺绣蝶恋花纹雕花骨柄扇

美国费城艺术博物馆藏

　　此纹样以折枝海棠与蝴蝶纹构成主花纹，扇子边缘环绕兰花、菊花、海棠花等组成的边饰。织物以奶白色暗纹锦为地，以红、黄、绿各色刺绣形成纹样。折枝海棠的造型写实，以一大一小的两枝婀娜弯曲组合，蝴蝶纹呈舞动状，与花枝的曲线呼应，呈现出一派生动的蝶恋花情景。海棠花被视为花中神仙，喻为佳人；蝴蝶与"耋"谐音，象征吉祥长寿。

动物纹样

67 龙 纹

清：明黄色团龙纹实地纱盘金绣龙袍

中国丝绸博物馆藏

　　龙袍，广义来讲，有龙纹的长袍就称为龙袍；狭义来讲，龙袍在清代特指吉服袍。此龙袍圆领、右衽、大襟、马蹄袖，前后左右四开衩，面料采用明黄色实地纱，应是夏季所用的龙袍。前胸、后背饰正龙各一，两肩各饰正龙一，前后襟各饰行龙二，里襟饰行龙一。龙袍下摆的江崖海水寓意"一统江山""寿山福海"。

68 龙 纹

明：蓝地折枝花卉升降龙织金纱经皮

北京艺术博物馆藏

　　此织物在蓝地上用金线织折枝花卉升降龙纹。纹样中的折枝花卉有菊花、莲花、茶花等，两两相组，与升龙、降龙交替出现，一升龙与一降龙斜向相对形成循环纹样。龙纹为中国最著名的传统纹样之一，集多种动物为一身的龙，是神圣、英勇、尊贵、吉祥的象征，与花卉的组合，更展示其丰富的内

69 龙 纹

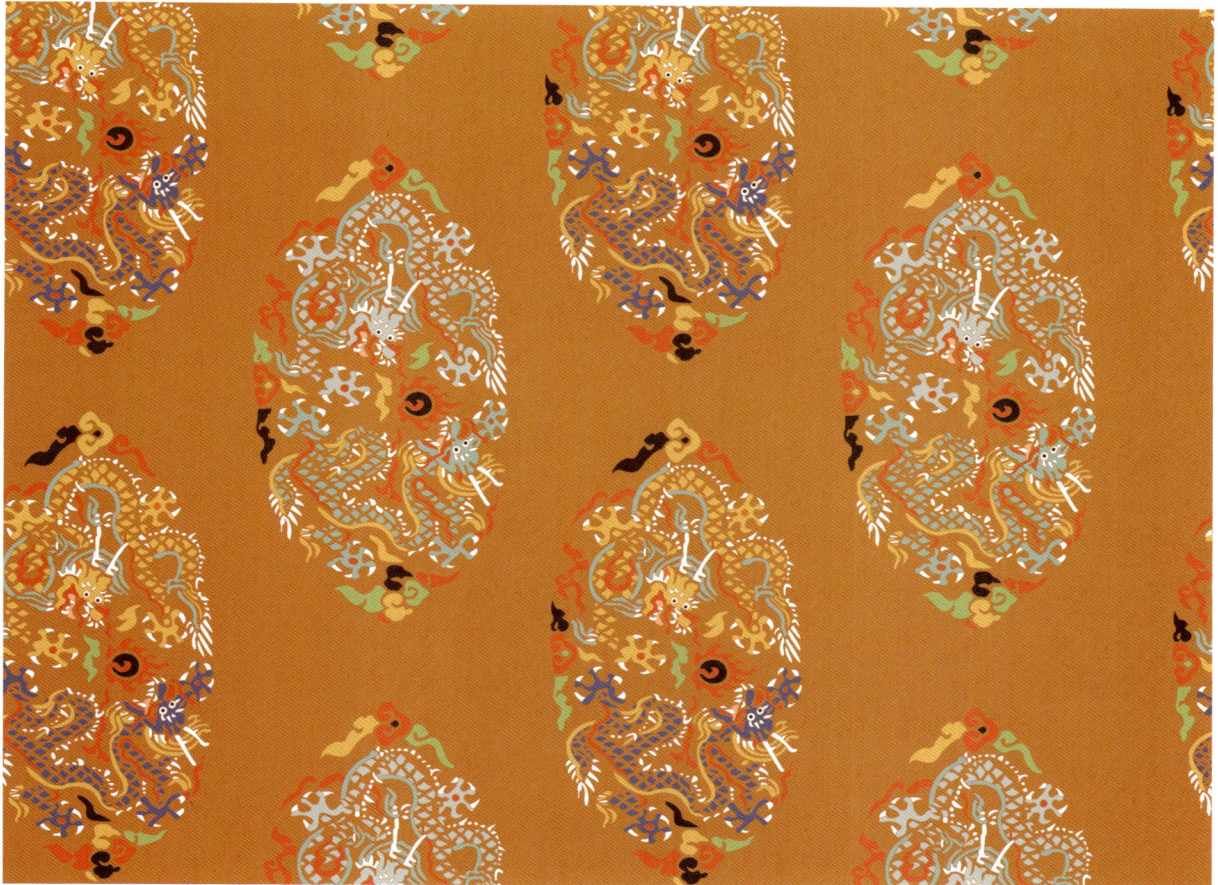

清：黄地樗蒲纹妆花缎

中国丝绸博物馆藏

此缎面上规则地绣有 6 组双龙戏珠的纹样。织物头尾均破损缺失。双龙戏珠纹，自汉代起就成为寓意吉祥的装饰纹样，以显示帝王的豪华与尊贵。纹样单元内有上下各一龙，上为降龙，下为升龙，火珠居中，构成双龙戏珠纹。

70 龙 纹

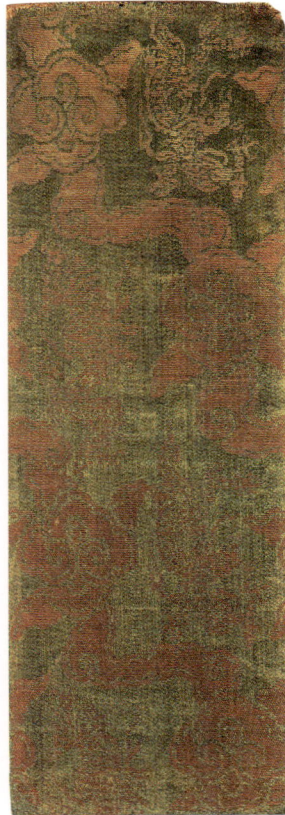

明：绿地四合如意连云升降龙两色缎

北京艺术博物馆藏

　　此缎在绿地上织四合如意连云升降龙纹。其中的云纹以波状线的形式作斜向连续，其间的空地上填充龙纹，升降龙纹作为一组单元纹连续出现，形成循环纹样。龙纹刻画细密，四合如意连云纹粗犷且富有动感，并与龙纹形成对比，加之配色的明度对比，使纹样层次分明。

71 龙 纹

清：明黄地五彩云龙纹妆花缎

中国丝绸博物馆藏

　　此织物为一零料，以明黄色缎组织为地，其上用妆花的手法织出行龙及五彩云纹样。纹样以五彩云环绕龙纹，以此横向错位排列形成循环，花与地布局均匀，中间饰有"十二章纹"的火纹，整体呈现出精美华丽的气息。

72 龙 纹

明：蟹青地团龙纹绸女长衫

山东博物馆藏

　　此衫立领、对襟、宽袖，两侧开裾至腋下。领、襟、袖两端、裾、摆镶织金缎宽边，襟摆、前后身裾摆相交处各金绣篆体"寿"字。龙纹为团花外形，内饰云纹、火纹、海水江崖纹，对称布局于女长衫上，于雅致色彩中透露出端庄与高贵。

73 龙 纹

明：香色地团龙两色缎

北京艺术博物馆藏

　　此缎在香色地上织团龙纹。纹样由团龙构成，团龙纹按照垂直水平直线骨式排列，两两相错，隔列或隔行完全对齐，井然有序，形成循环连续纹样。团龙造型较小，概括的线条造型仍显出龙的灵动与活泼，重复的排列使纹样整体细腻而富有秩序美感。

74 龙 纹

明：湖色地云龙加金妆花缎

北京艺术博物馆藏

　　此缎在湖色地上以妆花和织金工艺织出花纹。主纹为腾龙，与升降龙中的升龙形象相似，唯更为写实，嘴大张，须前飘，发更为夸张。龙纹之下是作为背景的海水江崖纹，强调对浪花的表现，浪花若卷曲的花枝。纹样整体对比明丽，彰显出龙的英勇与尊贵之气。

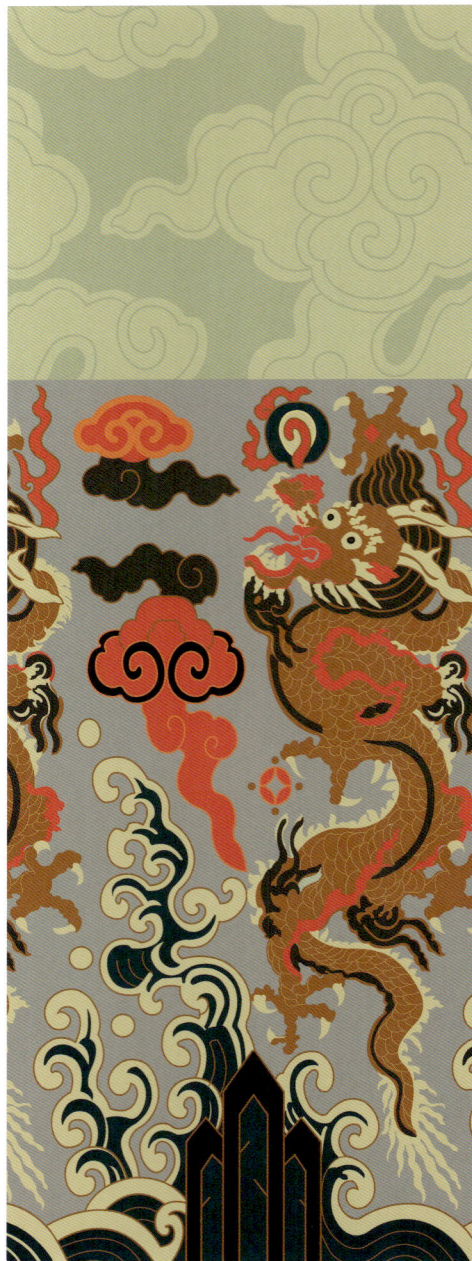

75 龙 纹

明：大红地云龙妆花缎

北京艺术博物馆藏

　　此缎纹为大红地妆花龙纹。纹样置于长方形框内，主纹由两条腾龙和一条正面龙构成。最上面的正面龙纹以头部为中心，身体盘曲。四角点缀的云纹造型相同，但用色不同，属于角隅形四合纹样。纹样整体配色极具对比性，明艳的大红地与富贵的黄色形成反差，呈现出龙的富贵与神圣。

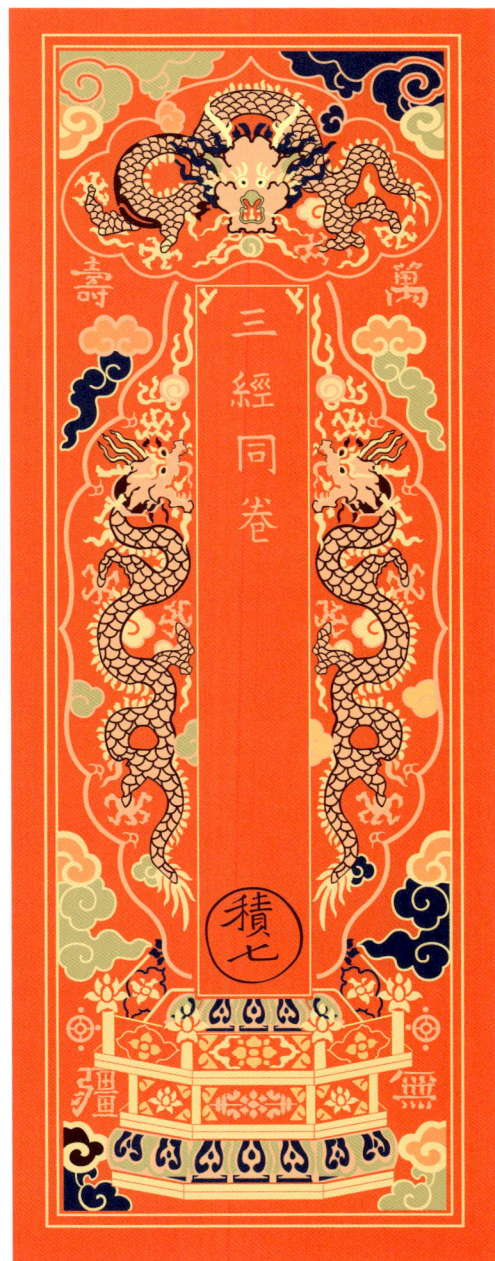

76 龙 纹

明：香黄地四合如意朵云团龙织金妆花缎

北京艺术博物馆藏

　　此缎在香黄地上以妆花和加金工艺织出纹样。纹样为垂直水平骨式，团龙与朵云纵向与横向均交替出现，隔列相同并对齐。纹样严整规则，飘动的云脚使色彩艳丽的纹样更增几分生气。明快并显华丽的配色显示出龙纹的内涵，是集神圣、吉祥、英勇、尊贵于一身的中国传统祥瑞动物装饰纹。

77 龙 纹

明：红八宝地云龙纹织金妆花缎

定陵博物馆藏

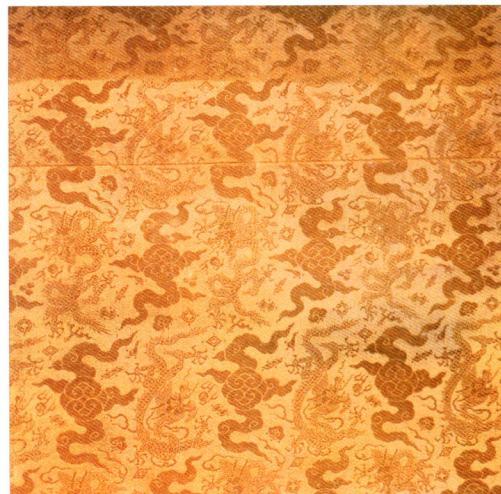

　　此花缎在红地上以妆花工艺织八宝及云龙纹。纹样由升降龙戏珠与四合云相间排列组成，其间饰金锭、银锭、古钱、方胜云头、宝珠、犀角、珊瑚六则，纹样循环为17.3厘米×11.2厘米。织品经线密度为每厘米100根，纬线密度为每厘米40根。纹样造型细腻，有秩序而不失动感，有对比而不失和谐。

78 龙 纹

明：大红地四合如意连云团龙两色缎

北京艺术博物馆藏

　　此缎在大红地上织四合如意连云团龙纹。纹样由四合如意连云呈斜向波状延伸，连云纹之间填团龙纹，连云云脚富于动感，波状延续具有韵律的变化，静中有动，于秩序中透出活力。配色以大红地织浅黄色纹样，热烈而明快，呈现出龙果敢、吉祥的特征。

79 龙 纹

明：宝蓝地四合如意朵云升龙两色缎

北京艺术博物馆藏

　　此缎在宝蓝地上织红色花纹。纹样以升龙与四合如意朵云纹组合成列，相邻两列龙纹斜向对应，形成循环连续纹样。龙纹造型装饰性强，表现丰富而细腻；四合如意云纹为块面造型，勾勒双线，增添了细节的表现。两色形成的色调，因细节的刻画而不失层次感。

80 龙 纹

明：深蓝地四合连云团龙两色纱

北京艺术博物馆藏

　　此纱在深蓝地上织四合云团龙纹。纹样以波形连缀为骨式，一团龙、一四合连云形成波状连续，并重复循环。团龙造型生动细腻，静止状的外形与四合行云纹形成静与动的对比，并颇具节奏与韵律感。纹样配色为两色，以近似色相与明度对比形成色彩的基调，两色互相穿插，相得益彰，刻画出细节。

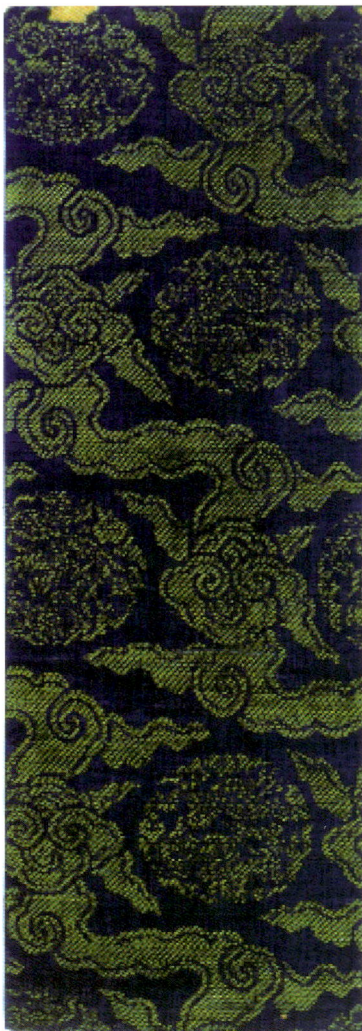

81 蟒 纹

清：福色云纹妆花缎蟒袍

中国丝绸博物馆藏

此件福色蟒袍为圆领，大襟右衽，两裾开，马蹄袖，在缎纹地上以妆花工艺织成，蓝色素绢为衬里，纹样呈对称排列。从其中的云纹、四爪蟒纹和海水江崖纹来看，此袍可能为赏赐大臣官僚之用。蟒纹形似龙纹，有龙五爪、蟒四爪之分，以示皇帝与臣下的区分。

82 凤 纹

元—明：刺绣双凤穿花纹华盖

私人收藏

  此华盖在素色地上刺绣花鸟纹，纹样具有多项元代特色。据宋代《营造法式》将凤鸟分为凤凰和鸾两类：卷草状和孔雀翎状尾羽的是凤凰，长条齿边飘带状尾羽的是鸾。这件刺绣描绘的主体对鸟是鸾，而非凤凰。刺绣品以双鸾反转相向居中，鸾尾飘逸；四周环绕花卉与叶纹、云纹，花朵灵动而凸显。刺绣针法有套针、松针、钉线绣、鸡毛针等，主体鸾纹则以盘金线勾勒轮廓。

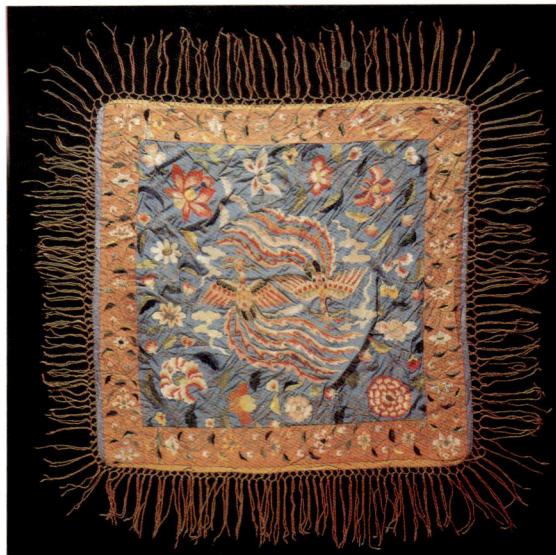

83 凤 纹

明：彩绣双凤团花补子

山东博物馆藏

　　此补子在红地上彩绣双凤纹，为女袍纹样。女袍盘领，右衽大襟，宽袖收口，下摆前短后长，前胸后背各缀一彩绣流云双凤纹团形补。纹样中双凤呈对称格式，配色作局部的变化，中间饰有祥云，与双凤纹浑然一体，形成团状。凤为中国祥瑞装饰神鸟，与龙相配，象征和平、幸福与喜庆。

84 凤 纹

明：凤戏牡丹团花补子

美国费城艺术博物馆藏

　　此补子褐地蓝框，织凤戏牡丹纹。纹样以团花为格式，双凤一上一下，下方的驻足回眸，上方的腾空翱翔，两凤面部相向，饰以五彩羽毛，十分华丽。三大朵红色牡丹花居中横向排开，花瓣呈对称式，外形圆润丰满，富丽堂皇。地的空间处饰以祥云，并在与边框的交界处饰以朵云，朵云规则排列环绕外边框，边框以联珠纹构成。纹样以暖红、黄色调与深浅变化的蓝色形成对比色并构成主色调，其中亮白色与金色的运用更使纹样层次分明，形象凸显。值得一提的是，边框的蓝地运用，恰到好处地梳理了纹样用色的面积，使纹样在多色彩表现下获得了整体性。

85 凤 纹

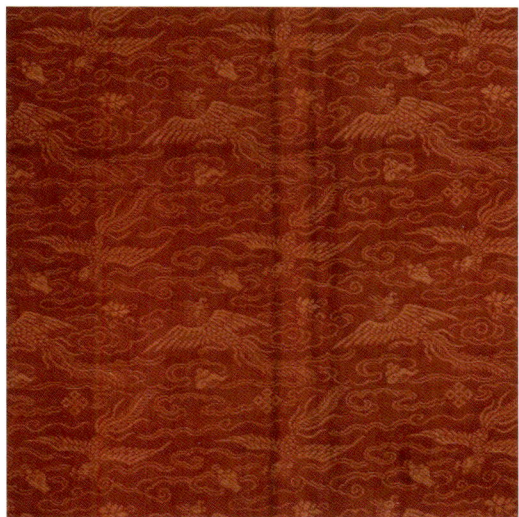

明：木红地凤凰纹双层织物

北京故宫博物院藏

此织物以木红色经纬线织平纹地，以白色经纬线织平纹凤凰纹。纹样两排一循环，一排为头朝下飞的凤凰，一排为挺胸回首朝上飞的凤凰，形成两两相对翩翩起舞的凤凰纹。纹样间饰云纹及八宝中的盖、罐、盘长、花灯纹饰，寓意吉祥。此织物织工精细，构图丰满严谨，线条流畅，花纹清晰秀丽，是明代双层织物中的佳品。

86 凤 纹

明：明黄地折枝花凤纹加金妆花纱经皮

北京艺术博物馆藏

　　此织物以明黄地妆花和加金工艺织海水江崖纹、折枝花纹与凤纹，推测应为二方连续纹样。所见凤纹较写实，作回首状，凤头上和颏下之饰与其他经皮凤纹上的不同。其间饰以花卉纹、云纹、海水江崖纹，在明快的配色间呈现出一派祥瑞之气，彰显了凤纹的寓意。

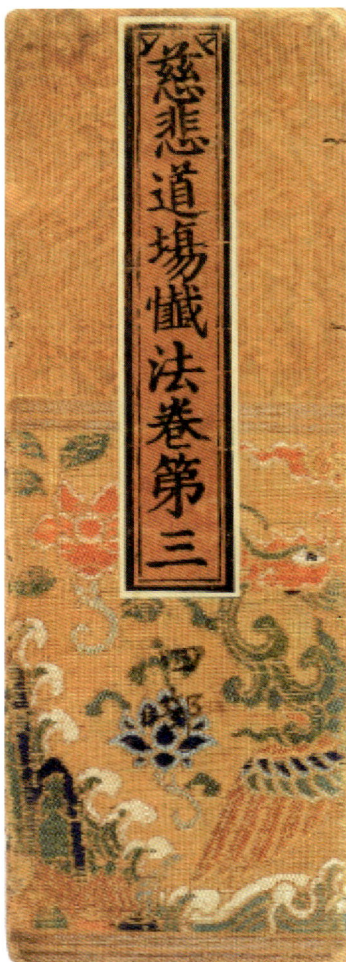

87 凤 纹

明：黄地凤纹织金缎经皮

北京艺术博物馆藏

　　此织物在黄地上用金线织出凤纹。单位纹样为单一的立凤，横向（即沿纬线方向）错开排列并循环连接，凤纹造型规整、装饰化，头侧向，双翅展开，三片尾羽向下再向侧面弯曲，头侧的方向与尾弯的方向相同。相邻两行凤纹头向与尾向相异，使纹样在体现秩序感的同时仍不失变化。

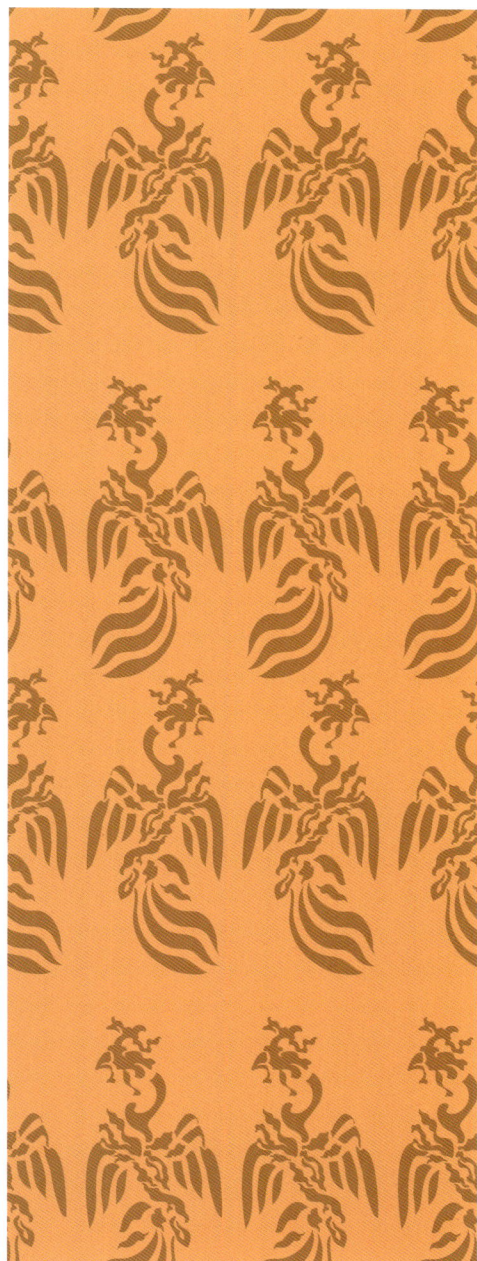

88 凤 纹

明：石青地凤纹卍字织金罗

北京艺术博物馆藏

　　此罗在石青地上由金线织出凤纹，以菱格卍字纹为地纹，以飞凤为主纹。凤纹或有尾羽五片，或为尾部似火焰云状，两种凤纹的头尾方向正好相反，一为头上尾下，一为头下尾上，两两以喜相逢的形式组合。主纹的飘动感与地纹规整有序的静止感形成对比。

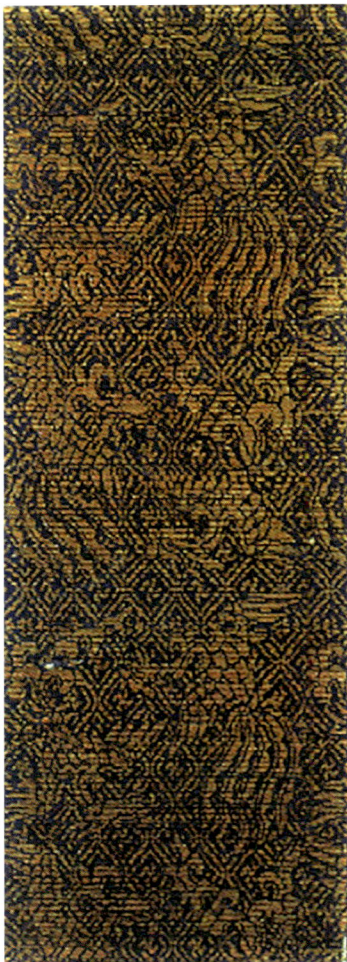

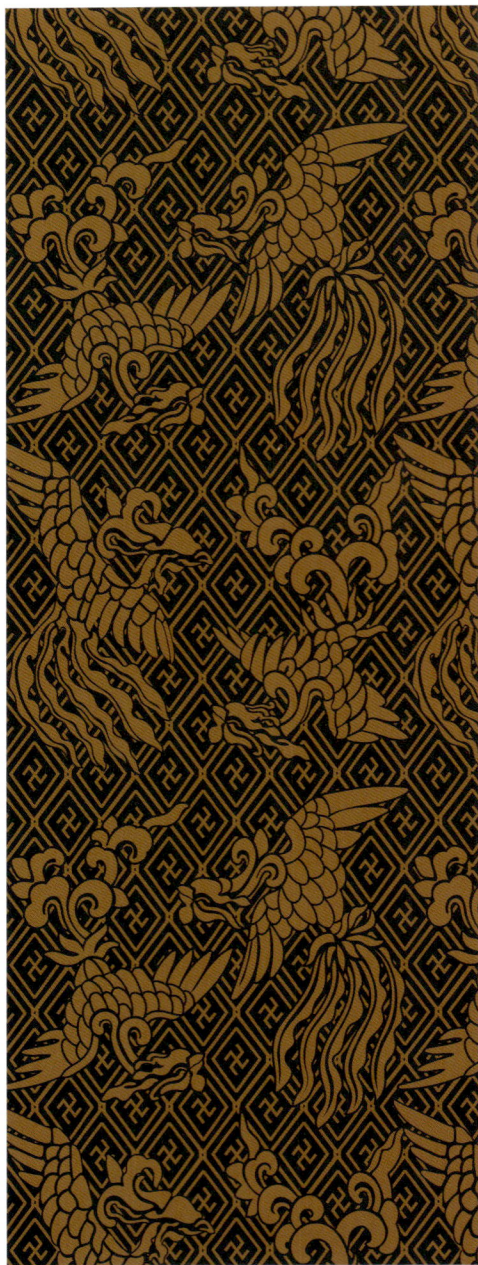

89 凤 纹

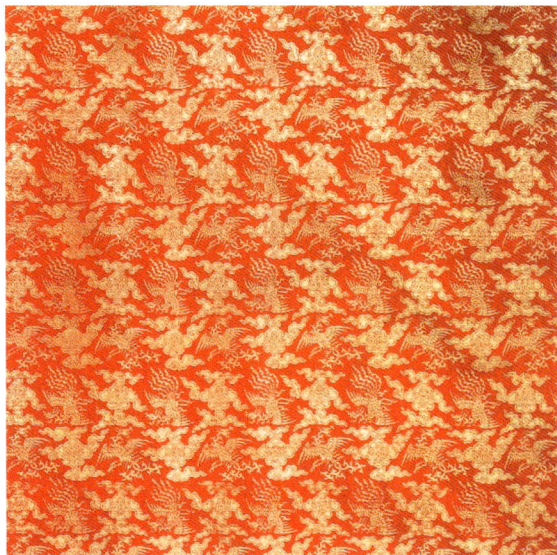

明：红地四合如意云凤纹织锦缎

北京故宫博物院藏

　　此锦缎以红色经纬线织五枚二飞缎纹地，上用片金线织出四合如意云纹，并间饰以自然洒脱的凤纹。此缎表面疏朗、光滑有韧性，显花效果好，纹饰结构紧密，呈现出凤纹以及四合如意云纹的华美细腻造型，传达了纹样内涵。

90 凤 纹

明：灰色地云凤鸟纹绫

美国大都会艺术博物馆藏

此织物在灰色地上织云凤鸟纹，为《莲塘戏禽图》的天头部分。主纹样由凤纹与鸟纹组成，其中各种飞向的鸟纹穿插排列于凤纹之间，周围空地上填饰云纹。云纹以写意的曲线构成，极具动感，与凤鸟纹相得益彰，并在重复循环中获得层次与秩序感。

91 凤 纹

明：深地凤穿牡丹纹锦

中国丝绸博物馆藏

　　此锦在深地上织黄色凤穿牡丹纹，两凤环绕两牡丹花，循环排列成连续纹样。纹样以中国传统文化中的鸟中之王凤与花中之王牡丹花的组合，寓意富贵与幸福的美好事物，加之凤的造型华丽优美、牡丹花圆润丰腴，以凤的动态与牡丹花的静态对比，形成传统经典纹样，并广泛流传。

92 凤 纹

明：深地缠枝牡丹宝相花团凤纹两色缎

北京艺术博物馆藏

此缎在深地上以黄色织出牡丹宝相花团凤纹。团凤与缠枝莲花、宝相花和牡丹花中的一种或两种花的组合较为常见，花朵一般造型较大，饱满的花朵与团状的凤纹十分和谐。团凤一为五片尾羽，一为火焰云形尾羽，两种团凤交错装饰于缠枝牡丹和宝相花之间的空地上，纹样生动自然又有很强的装饰性。

93 凤　纹

明：深地龙凤穿花卉织金缎

北京艺术博物馆藏

　　此缎在深地上用金线织龙凤穿花纹。纹样的缠枝花花头较小，主茎线清晰可辨，呈斜向波状延伸，或半环绕花头，或环绕花头几近全圆。飞凤与飞龙两两相错，排列有致，纹样繁密，呈现出富丽堂皇的气息，并以此经典龙凤穿花题材表现吉祥幸福的美好寓意。

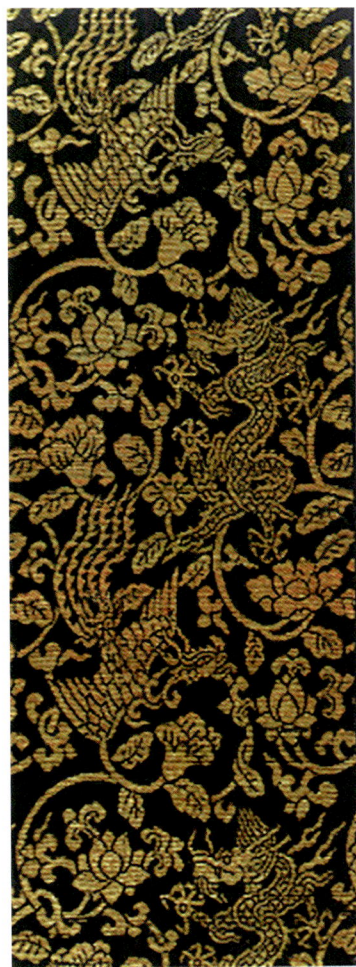

94 凤 纹

明：深地团龙凤缠枝牡丹莲织金缎

北京艺术博物馆藏

此缎在深地上用金线织出团龙凤缠枝牡丹莲纹。纹样采用缠枝花骨式，将团龙、团凤与牡丹、莲花相错组合，形成循环连续纹样。缠枝花枝蔓的曲线、团龙与团凤的饱满外形，以及细节的刻画，加上满地的空间布局，使得纹样整体呈现华丽优美的气息。

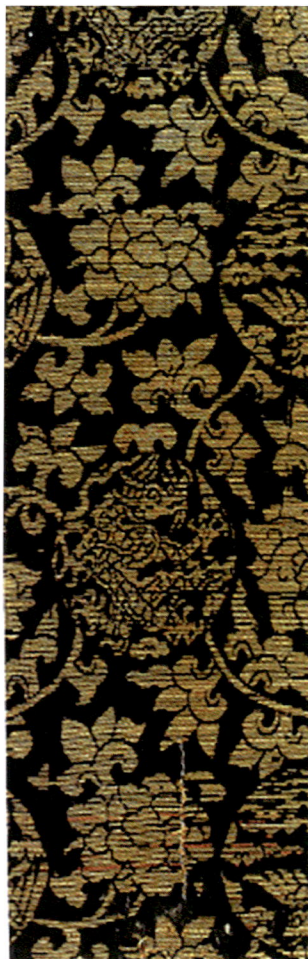

95 凤 纹

明：绿地缠枝花龙凤纹两色缎

北京艺术博物馆藏

　　此缎在绿地上织缠枝花龙凤纹。纹样中的凤展翅而飞，五片尾羽；龙侧向，双上肢一前伸一后伸，尾从两后腿之间穿过，造型与腾龙非常相似。龙凤纹与花卉纹穿插紧密，且造型细腻，缠枝连缀了纹样，使整体纹样浑然一体，呈现繁华热烈的气息。

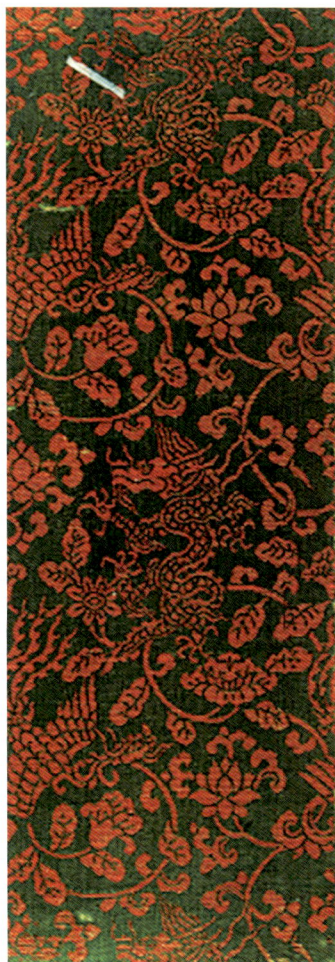

96 凤 纹

清：黑缎地彩绣凤鸟花卉纹边饰

中国丝绸博物馆藏

　　该边饰以黑色素缎为地，其上用孔雀蓝、嫣红、丁香紫等多色丝线彩绣凤鸟花卉纹样。环状的纹样以一凤居中，两侧以一花一凤再一花进行对称排列。花卉为折枝牡丹，凤为多彩长尾造型，与底色对比分明，在华丽的色调中呈现出纹样的寓意。主要针法为套针、钉金绣。该绣品绣面平整，针脚匀齐，配色典雅。

97 龙凤呈祥纹

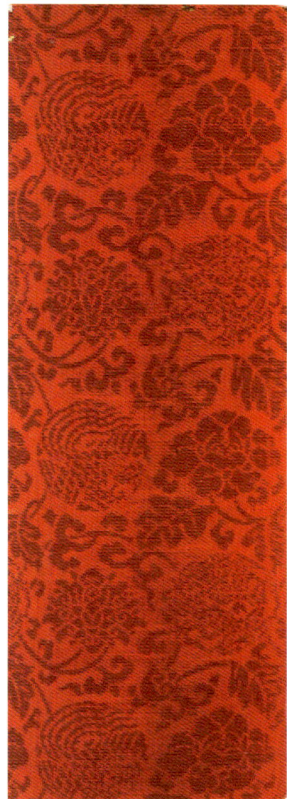

明：大红地缠枝花卉团龙凤纹两色罗

北京艺术博物馆藏

　　此罗在大红地上织缠枝花卉团龙凤纹。纹样由缠枝牡丹、宝相花与团龙、团凤构成，无论是花纹的花头还是龙凤纹都对外轮廓进行了求圆化规整处理，使纹样更为和谐。缠枝花主茎线作为结构线的通幅连缀作用减弱，花朵两个一组斜向连缀。地色与纹色并不采用常见的对比色，极具个性。

98 鸟 纹

明：缠枝飞鸟缂丝

美国大都会艺术博物馆藏

　　此织物在深地上缂织缠枝飞鸟纹。从织物所呈现的局部看，纹样刻画了两飞鸟，一鸟在后向前飞翔，一鸟在前向后回眸，四周环绕花卉。配色以深地显红、黄、蓝、绿等饱和色以及亮色，使飞鸟、花卉的主题十分突出。纹样的造型因缂丝工艺显现出稚拙的趣味感，加之色彩的对比性，显得极具表现力。

99 鸟 纹

明：缂丝六品文官鹭鸶纹补子

私人收藏

　　此纹样为二鹭鸶在空中飞翔，布局对称，一上一下，相互呼应。背景饰五彩祥云纹，满地横向平铺，以烘托皎洁如雪的鹭鸶，密布的云与块面感的鹭鸶造型极具对比。此为明代早期文官补子的式样，而锦缎镶边乃后来在西藏加缝，改作华盖之用。

100 鸟 纹

清：盘金绣孔雀方补

中国丝绸博物馆藏

　　此织物为文官三品孔雀纹方补。方补，属于补子的一种，又称"胸背"，明清时期用来体现官位品级。该方补以孔雀构成主纹样，周围饰有日、云、火、方胜、海水江崖、蝙蝠、莲花等纹样，加上盘金彩绣，呈现出细密华丽的装饰效果。孔雀被视为大德大贤、文明、富贵、吉祥的飞禽，孔雀纹则为三品文官的补子专用纹饰。

101 鸟 纹

清：松鹤福寿挽袖

中国丝绸博物馆藏

　　该挽袖的主体纹样为松与鹤，纵向布局。三只仙鹤或飞或立，栩栩如生，四周配以蝙蝠、团寿字及梅花等纹样，寓意福寿。绣品以柔和的对比色呈现出典雅明丽的调性，体现出纹样的丰富内涵。

102 鸟 纹

清：纳锦绣白鹇纹圆补

中国丝绸博物馆藏

　　此纹样以精湛的刺绣手法描绘白鹇振翅欲飞的状态，以云纹、海水江崖纹，以及暗八仙纹构成背景，外围一圈采用蝙蝠与"寿"字的图案，色泽亮丽，刺绣精巧，代表长寿福泽。此外蝙蝠谐音"福"，寓意吉祥。白鹇具有行止娴雅、不急不躁、忠诚贤德的品性，是五品文官补子的专用纹饰题材。

103 鸟 纹

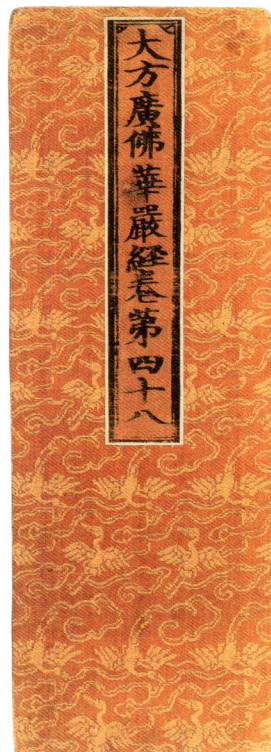

明：木红地云鹤纹两色缎经皮

北京艺术博物馆藏

　　此织物在木红地上织黄色花纹。纹样中的鹤纹半写实半装饰化，流云或波波折折，或弯转回旋，鹤依着云，云绕着鹤，颇有几分意境。纹样整体布局匀称，鹤纹与云纹平铺直叙，细节刻画细腻，以对比色彩呈现出寓意吉祥长寿的神鸟——仙鹤。

104 鸟 纹

明：绛色地云鹤纹暗花绸

北京故宫博物院藏

　　此绸在绛色地上织云鹤纹。飞鹤纹和如意纹为主纹样，周围饰以杂宝纹，寓意吉祥长寿。花纹两排一错排，形成循环连续纹样。暗花绸是在本色经斜纹地上织本色纬斜纹花的提花织物，绸质厚重细密，绸面光泽较差，是明清时春秋季服装的主要面料。

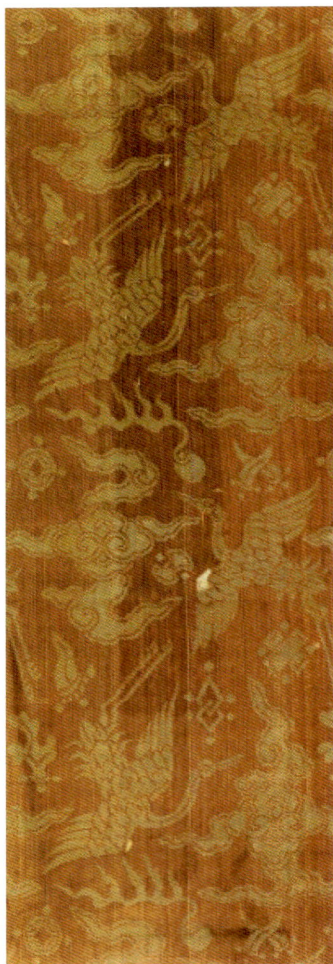

105 鸟 纹

明：如意云鹤锦

中国丝绸博物馆藏

　　此织物为明《大藏经》封面装裱材料，经地纬花，经丝青色，纬丝香色。纹样以两鹤两四合朵云纹错位构成两排，并循环连接，满地布局。鹤衔灵芝，动态轻盈，四合朵云丰满却不失飘逸，两形相互映衬，十分谐调，以呈现题材的吉祥长寿寓意。

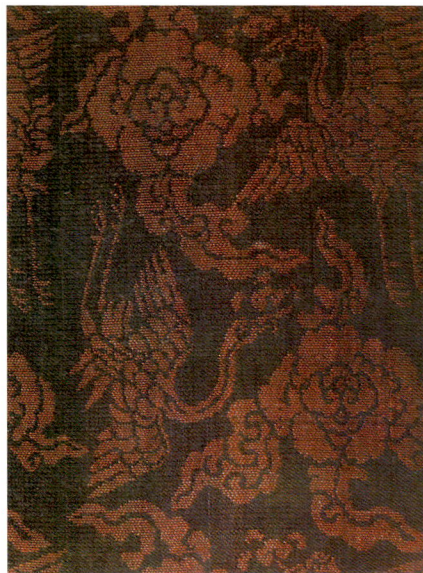

106 鸟 纹

清：漳绒芭蕉鹤纹男上衣

美国费城艺术博物馆藏

　　此上衣以乌梅色为地，以漳绒织芭蕉、牡丹花、菊花、观赏石等纹饰，加上由鹤纹构成的独幅图案，布局于上衣的前胸与袖子上。在芭蕉的舒展扶疏下，站立的鹤翘首回眸，花草、石加以陪衬烘托，使纹样具有绘画意境。中国传统文化中以鹤为仙禽，比喻长寿，蕴含延年益寿之意；芭蕉寓意高雅清玄，是古代文人追求的意境，也是文人画的常见题材。纹样的题材组合与造型表现出丰富内涵与意境。

107 鸟 纹

明：红地凤鹤纹加金妆花纱

北京艺术博物馆藏

　　此纱在红地上以多彩丝线妆花织凤鹤纹。纹样中的凤头侧视，双翅张开，凤尾分叉似火焰云；鹤口衔灵芝，曲颈而翔。两纹样依次排列，上下左右错位成行，并形成循环连续纹样。配色浓艳，辅以金线更增添了纹样的富丽感，蕴含吉祥长寿的寓意。

108 兽 纹

清：蓝地獬豸纹补子

中国丝绸博物馆藏

　　此纹样出自补子。明代官员常服、清代官员补服，在前胸、后背处分别装饰一块方形的饰有鸟兽的补子，并以不同的纹样代表不同的官阶。凡都御史、副都御史、给事中、监察御史、按察使、各道的补服都织、绣獬豸。獬豸被视为公平正义的象征，一直受到历朝的推崇。在清代，御史和按察使等监察司法官员一律戴獬豸冠，穿绣有獬豸纹样的补服。

109 兽 纹

明：獬豸纹缂丝补子

美国费城艺术博物馆藏

　　此织物居中处为獬豸纹，背景配以云纹、水纹、硕大的牡丹花纹。獬豸为中国的传统神兽，具有智慧和懂人言、知人性的特点，是勇猛、公正的化身，因而獬豸纹为风宪官专用纹饰。该补子采用缂丝工艺，概括的色块极具装饰性，岁月的侵蚀使色调在对比间呈现出和谐感。

110 兽 纹

明：缂丝五品武官熊补子

香港贺祈思藏品基金会藏

熊为五品武官补子所佩饰的主题纹。仔细观察熊的纹饰，可发现熊身并没有像狮纹饰般有长于背及尾部的鬃须，亦不像都御史补子上的獬豸般头上长角。此补子以云纹为地，这是明代中期补子的特点。纹样虽有褪色，但是明丽对比的色调依然清晰可辨，缂丝工艺使纹样拥有精美与装饰性的特点。

111 兽 纹

明：织锦玉兔喜鹊补子

香港贺祈思藏品基金会藏

　　此织物为橘黄地织锦玉兔喜鹊补子。兔子并不见于九品文武官阶之中。白色的月兔乃农历八月十五中秋节的象征，因此估计此为特别节令所用之纹饰。此应为宫女或宦官所佩的补子。此补子应属明代初期，甚或更早，山形自然写实，风格有异于万历时期那种笔直的山形。一侧则有元代典型的蕉树纹。此补子亦远小于其他十五世纪的补子。从这特别的纹饰组合来看，此织物可能是十四世纪之物。

112 兽 纹

清：湖色地琐纹赤兔匣锦

美国大都会艺术博物馆藏

　　此织物为《乞丐图》卷的包首部分。赤兔，为古代中国的名贵
战马。纹样以深湖蓝色为地，琐纹地上填饰赤兔纹与白色卍字纹，
一大一小主题纹样两两错排，组成循环连续纹样。纹样布局有序，
以纹样的面积大小体现节奏美感。湖色地与黄色琐纹形成对比色彩
效果，白色的赤兔、白色的卍字纹，以及深色的勾边，使纹样在富
于色彩对比的同时又不失和谐感。

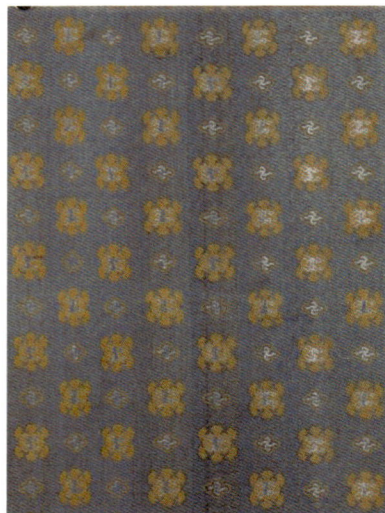

113 兽 纹

明：黄地琐纹动物纹匣锦经皮

北京艺术博物馆藏

　　此织物在黄地上织琐纹动物纹。纹样以银线织出琐纹为地，主纹为六瓣团窠动物纹，两两相错排列，相邻两行动物的头向相异，使主纹在规矩的排列中有所变化。同类色系的配色以一深一浅的两套色相互穿插，相互作用，以明度对比获得了纹样的对比关系。

114 蝴蝶纹

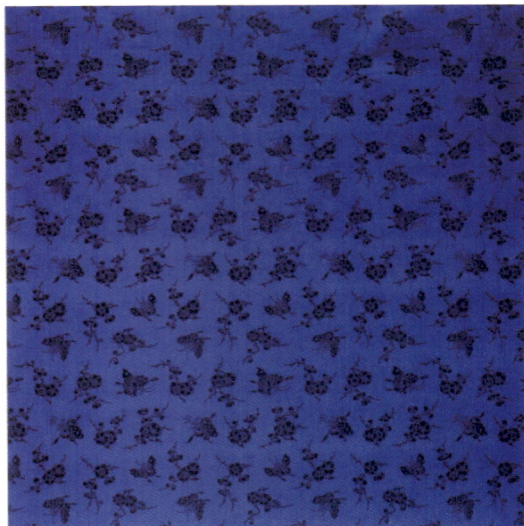

清：品蓝地折枝梅蝶纹两色缎

北京故宫博物院藏

　　此缎为八枚三飞缎纹组织。纹样以小巧精致的蝴蝶、折枝梅纹饰循环排列组合，以细腻的造型刻画，加上独特的设色，以及大胆的黑色丝线显花，形成了品蓝地黑花纹，呈现出蝶恋花的主题纹样，给人以耳目一新的感觉，是较为少见的晚清时期精品织物。

115 蝴蝶纹

清：漳绒蝴蝶纹女上衣

美国费城艺术博物馆藏

  此纹样以漳绒为工艺，以红色为地，以蝴蝶纹为绒花。蝴蝶纹以写实手法，以不同姿态与不同方向相结合，表现出飞动的造型，并以散点而均匀的空间布局，散落在女装的大身面积上，构成百蝶纹。蝶谐音"耋"，象征吉祥长寿，是运用较为普遍的中国传统纹饰。纹样以两色为配色，漳绒工艺使纹样呈现出造型厚实、粗犷中不失细腻的特性。

116 鱼 纹

清：深蓝色地杂宝纹织金缎

中国丝绸博物馆藏

　　此织物以深蓝色为基底，饰以杂宝纹样以及醒目的鱼纹。鱼纹表现为腾跃的鲤鱼，点缀以水浪，与杂宝纹间隔排列，构成纹样骨式，在规则中却不失鱼的造型动感。鲤鱼为常见的中国传统纹样造型，更有"鲤鱼跳龙门"的说法，寓意逆流进取、奋发向上。纹样以色彩艳丽的绣线，与基底的深蓝色相衬相映，繁缛的纹饰、丰富的造型，以及轮廓的金线更加强了细节的刻画，使纹样精致华美，鱼纹与杂宝纹结合，更增添了纹样的吉祥内涵。

117 鱼 纹

清：墨绿色"吉庆双鱼"织金妆花缎

中国丝绸博物馆藏

　　此纹样选自墨绿色"吉庆双鱼"织金妆花缎，这件妆花缎为"江南织局内造"。清代内务府的工匠制造器物、服饰，往往加上"内造""宫中"字样，表示物品所有者身份特殊，分享皇室衣食。纹样色彩艳丽，造型精致，显示出喜庆吉祥的内涵。

人物纹样

118 人物风景纹

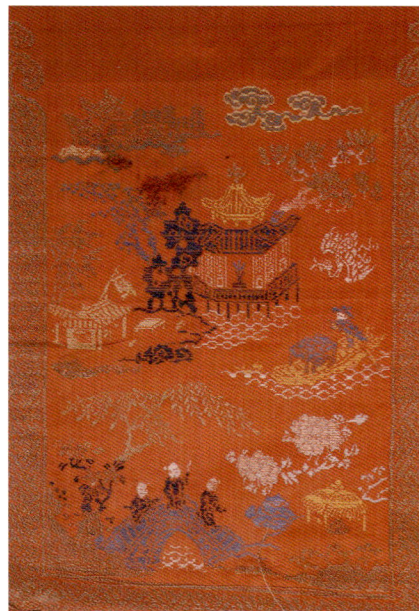

清: 红地彩绣人物风景纹挽袖

中国丝绸博物馆藏

　　此挽袖在红地上彩绣人物风景纹。自下往上，先有三位老者行走在拱桥上，继而是一男子撑船在波光粼粼的水面上，再有一座似亭似阁的建筑，顶端则是云纹缭绕，远处仍是亭台楼阁。整幅绣品似一幅山水画。所用针法有平绣、钉金绣等。

119 婴戏纹

清：刺绣婴戏纹马甲

美国费城艺术博物馆藏

　　此婴戏纹为黑色马甲前襟纹饰，为两襟对称格式的团花纹样，内各饰一童子，两童子面面相对。一童子手持葫芦，葫芦谐音"福禄"，寓意健康、长寿、平安；一童子手持拨浪鼓，骑木马，作玩耍状。围绕童子的有太阳、云彩、四季花草、蝙蝠、彩蝶，并以五叶竹纹形成团花外框的边饰。五彩丝线的工艺更增添了纹样的喜庆色彩。

120 故事人物纹

清：彩绣人物纹绸袄

山东博物馆藏

此纹样选自清代彩绣人物纹绸袄。纹样以红色为地，采用刺绣手法，运用不同明度的蓝色、绿色、黄色、红色等丝线，以渐变晕色手法刻画细节，其中以明亮的亮白色绣出人物面容，以高光式点缀细节，突出纹样主题。红袄主纹样为团花纹，每个团花内为一个人物场景纹样，刻画出丰富多彩的传统故事。

121 故事人物纹

清：白缎地彩绣人物伞

中国丝绸博物馆藏

　　此伞为清代外销艺术品，采用五色网格流苏边饰，象牙伞柄满工镂刻树叶、花卉、菊瓣纹，伞顶为象牙人物圆雕，用料用工奢靡。伞面为缎地刺绣，由伞骨自然分隔成八个块面，每幅自成画面，分别刺绣庭院教子、忽得任命、升官发财、灵猴献瑞、猎虎有功、仕途升迁、官至一品、荫庇三代等故事。纹样布局上下有序，于变化中显动势，于严谨中藏生动，刻画的人物与动物栩栩如生。

122 佛像纹

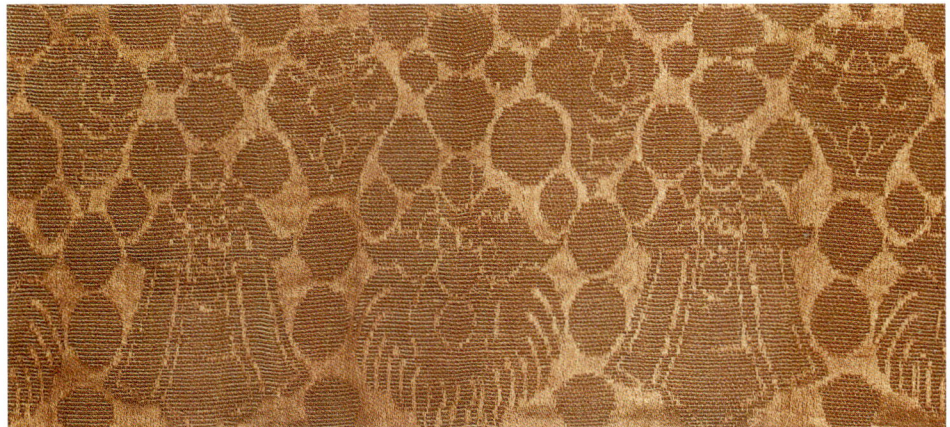

明：佛像缎

湖南省博物馆藏

　　此为织品局部，即作为缘饰的纹样部分。纹样采用纬二重组织，经缎地浮纬花，纬线分地纬和纹纬两种，为二方连续纹样。立佛、坐佛相间排列，上方有宝瓶、法螺等吉祥物，大小不等之圆点或为坠落之天花。纹样以土黄色、赭石色形成色调，烘托佛像造型。

器物纹样

123 杂宝纹

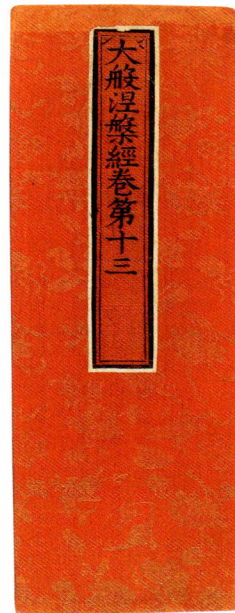

明：木红地折枝花卉杂宝两色缎经皮

北京艺术博物馆藏

　　此织物在木红地上织黄色花卉杂宝纹。纹样中的花卉纹为折枝式，菊花呈正侧面观，花心半遮半掩，莲花微侧倾，牡丹花的花朵与叶相对均衡；以金锭、磬、盘长、祥云、扇子等杂宝纹结合折枝花卉、蝴蝶纹，寓意吉祥。整体构图随意自然，纹饰角度多变，以均衡的空间布局形成循环连续纹样。

124 杂宝纹

明：大红暗花地团杂宝纹两色缎经皮

北京艺术博物馆藏

此织物在大红地上织黄色团杂宝纹。纹样以团杂宝纹为单位纹作垂直水平错位排列，形成循环连续纹样。团花的轮廓由居中的灵芝与两边对称的犀角构成，内填火珠、古钱、方胜、珊瑚等杂宝纹，纹饰结构对称，设色鲜艳浓重，风格富丽，呈现出纹样题材的内涵。

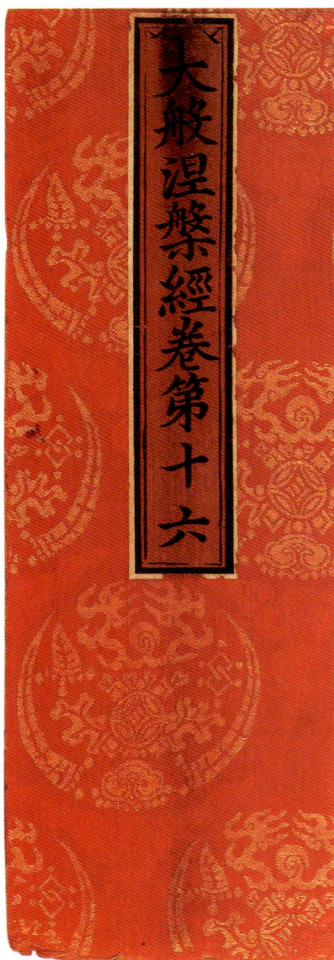

125 杂宝纹

明：绛紫地灵芝花卉杂宝两色缎经皮

北京艺术博物馆藏

　　此织物在绛紫地上织灵芝花卉杂宝纹。折枝灵芝为主纹，按不规则散点式排列，形成四方连续纹样。灵芝纹的方向一左一右彼此交错，充满节奏与韵律，并以纤巧的火珠、古钱、犀角、艾叶、祥云等杂宝纹点缀其中。地与纹的两色呈现出明度的深与浅、纯度的灰与艳的对比感，突出主题纹饰。

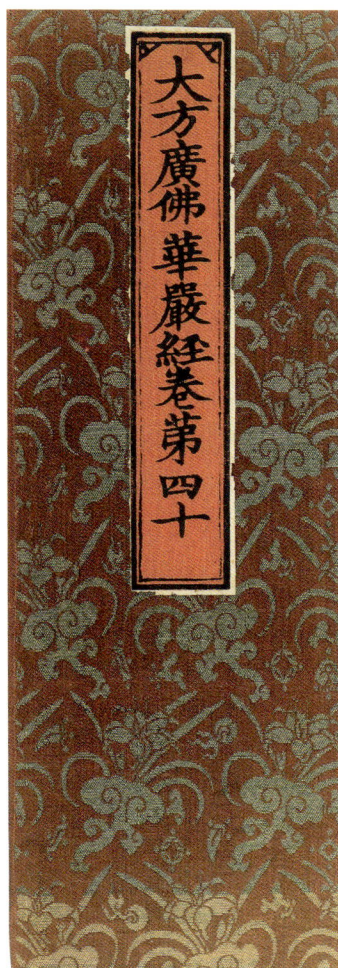

126 八宝纹

明：八宝纹缎绣龙女夹衣立领方补

定陵博物馆藏

　　此纹样以云头、银锭、古钱、火珠、金锭、宝珠、珊瑚枝、方胜八种纹饰各自为一排，反复循环排列，整齐美观。八宝纹也称八吉祥纹，源于佛教物象，寓意佛教的威力，也象征了吉祥，是为人们所喜闻乐见的中国传统纹样题材。

127 八宝纹

明：八宝纹绸

定陵博物馆藏

　　此绸以深地亮色织八宝纹。纹样以珊瑚、云头、方胜、银锭、古钱、金锭、双犀角、火珠各一排，八排一个循环。绸面经线密度每厘米94根，纬线密度每厘米30根。纹样大小匀称、布局均匀，地与纹的两套色相互穿插，形成八宝纹的细节，在秩序中呈现紧致细密的装饰效果。

128 灯笼纹

明：墨绿地灯笼纹两色绸

北京艺术博物馆藏

　　此绸在墨绿地上织浅色灯笼纹。近似椭圆形的灯笼纹与八角形灯笼纹构成主纹样，椭圆形灯笼纹的轮廓线和内部分界线为弧线形以便于区别。灯笼纹纵向两两相错，排列整齐有序。灯笼在中国的传统中是与农历正月十五元宵节联系在一起的，元宵节是亲人团聚、美满和睦的节日，灯笼纹也成为人们喜爱的纹样，象征喜庆与团圆。

129 灯笼纹

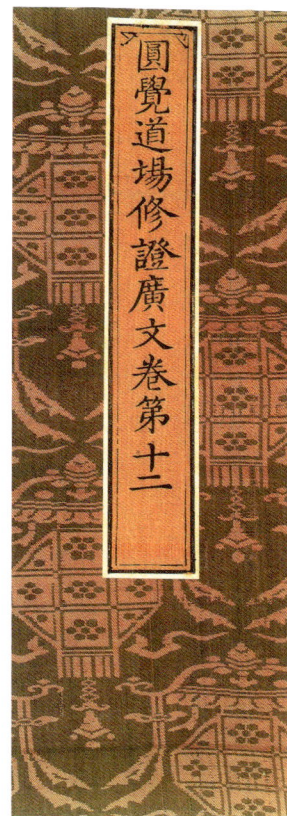

明：茶绿地八角灯笼纹潞绸经皮

北京艺术博物馆藏

此绸在茶绿地上织亮色灯笼纹。灯笼纹主体部分呈八边形，两侧有飘带状流苏，灯笼顶部似华盖。灯笼纹以米字为骨架，纵向和横向均错开排列，布局严整规则。纹样整体布局紧密，灯笼纹外形饱满，内里细密，因排列上的巧妙错位而使纹样整体不显呆板，呈现出热闹喜庆的纹样内涵。

130 灯笼纹

明：蓝地葫芦灯笼纹双层锦

北京艺术博物馆藏

　　此锦以蓝地织黄色灯笼纹。主花灯笼按井字骨架排列，灯笼杆为龙形，除串葫芦形流苏外，龙杆上还垂下四字吉祥语条带，主体纹样之外的空地上装饰有以折枝花、灵芝花为主的花束，葫芦内填有表达吉庆寓意的符号。葫芦谐音"福禄"，与灯笼组合，更寓意了团圆美满、幸福吉祥。

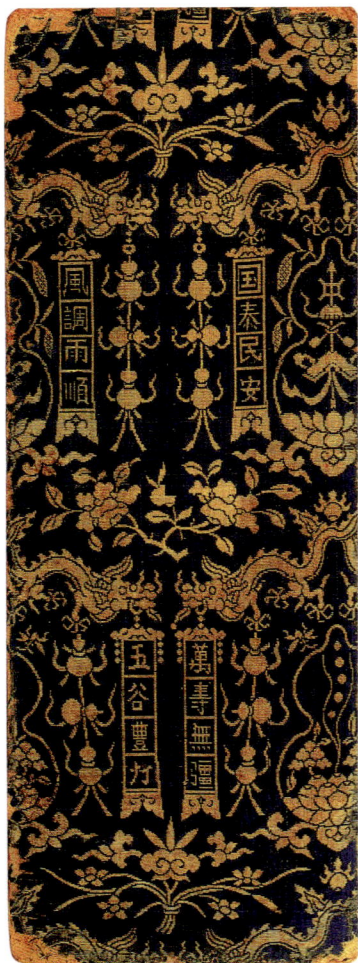

131 灯笼纹

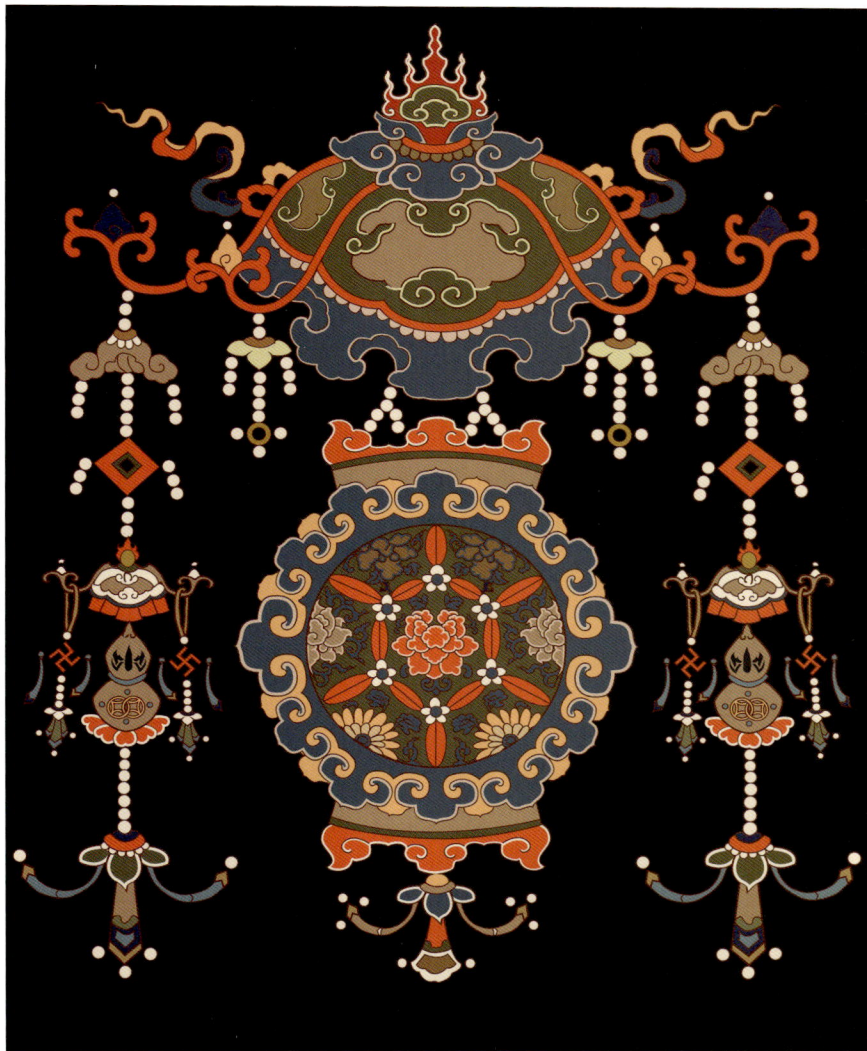

清：灯笼锦

中国丝绸博物馆藏

　　此织物纹样有缺损，主体灯笼纹尚全，为清代典型的灯笼纹锦。石青色地，彩色灯笼纹，由十二个如意头构成灯笼外廓，填以几何纹和小花纹，灯旁悬结谷穗，穗上饰以卍字纹、蝙蝠纹、双钱纹，灯笼间填以红色大朵牡丹花。这种张灯结彩的织锦，又名"天下乐""庆丰年"，寓意五谷丰登、富贵万福。此类锦曾经是宋代蜀锦的高档产品，宋代章服制度规定只有皇亲、大将军以上才能服用。明清时一直沿用生产。

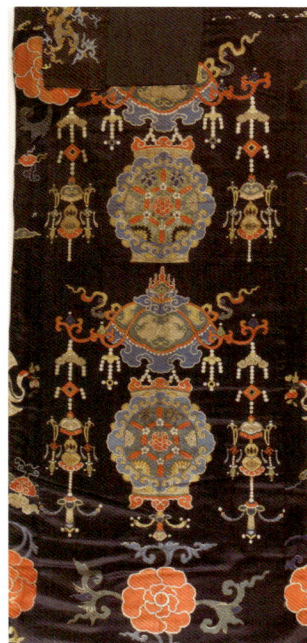

132 灯笼纹

清：蓝地灯笼锦

北京故宫博物院藏

　　此锦在蓝地上织灯笼纹。灯笼是一种较为特殊的器物，为民间所喜闻乐见，常在庆丰收时使用。灯笼纹见于丝绸，在史料中见于宋元著作。当时也称"天下乐晕锦"或是"天下乐锦"。纹样以重复的灯笼形横向与纵向排列，并以细致的内饰塑造灯笼，使对称的造型仍显丰富的细节。明亮艳丽的对比色，更使纹样呈现出喜庆与热闹的气息。

133 花瓶纹

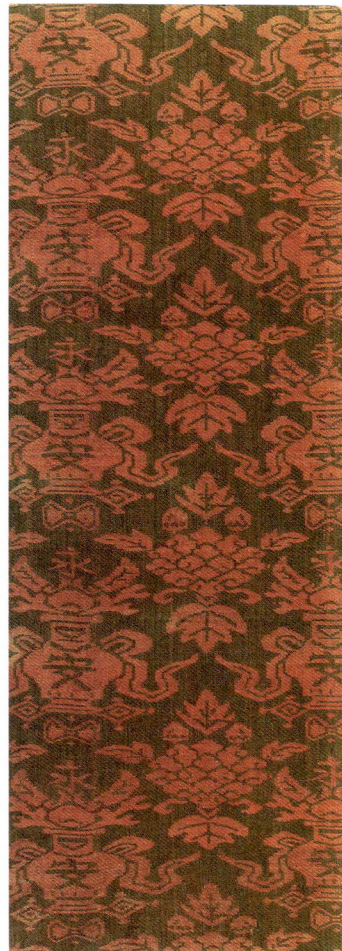

明：绿地牡丹永安瓶八宝潞绸

北京艺术博物馆藏

　　此绸在绿地上织红色牡丹永安瓶八宝纹。纹样由瓶、杂宝、牡丹花和文字构成。瓶颈系飘带，飘于瓶之两侧，使器物纹样在庄重中显出飘逸和潇洒；瓶的上下和两侧点缀珊瑚、银锭、方胜等杂宝符号；牡丹花较为图案化，象征富贵，与瓶的纹样相错排列，充满浓郁的平安富贵寓意；此外，"永安"二字更是强化了对吉祥的期待。

134 花瓶纹

清：刺绣纹女上衣

美国费城艺术博物馆藏

　　此纹样选自刺绣纹女上衣，在黑地上彩绣兰花、莲花、牡丹花等四季花卉纹以及蝴蝶纹。其中，兰花插在饰有纹饰的花瓶中。纹样以对称格式布局领圈，延续至门襟到下摆。色调在明度对比中点缀多彩，进行细节刻画。瓶谐音"平"，配以四季花草，巧妙地寓意四季平安，成为广为流传的纹样组合。

135 如意纹

明：万古如意纹绸

定陵博物馆藏

　　此绸在褐地上织万古如意纹。纹样由四个如意云头组成团花状，中心为一古铜钱纹，钱心内饰呈右旋的卍字（卐形）。团花与卍字相间布列，每一纹样单元长 19.2 厘米，宽 17.5 厘米。织物地组织为三枚斜纹，如意团花饱满外形内饰细节纹饰，与地纹的卍字形相呼应，相得益彰。源于中国传统器物的如意纹，造型具有灵芝和朵云的特征，喻为称心如意，是运用广泛的纹样。

自然元素及
抽象纹样

136 云 纹

明：黄地四合云纹绸交领中单

定陵博物馆藏

　　此织物以黄色为地织四合如意云纹。纹样以如意云纹错落循环排列，形成极具秩序美感的视觉效果。自然天象的云在中国传统文化中有着特殊的含义，云纹也是传达吉祥征兆且具有文化和艺术象征意义的纹样。朵云状的如意云头，四方配以小勾云，斗合形成四合如意云，寓意如意高升，是为中国古代人民所喜闻乐见的纹样。

137 云 纹

明：黄地如意云纹绸

定陵博物馆藏

此绸以黄色为地织如意云纹。纹样以如意云纹错位循环排列，布局均匀，疏密得当，形成错落有致、整齐美观的样式。在配色上以亮黄为地，以深色为云纹，以亮色穿插并勾勒云纹细节，获得图形的表达。云纹在造型上极具装饰性，在历史的积淀中获得了独特的造型特征。

138 云 纹

明：深地四合如意云纹织金罗经皮

北京故宫博物院藏

　　此织物在深地上以金线织四合如意云纹。纹样以典型的四合如意云纹为造型，并饰以卷曲的边线，云纹舒展流畅，极具装饰感。深地衬托出亮色的四合如意纹，使其靓丽醒目，传达出云纹的吉祥华美气息。云纹造型或静或动，常用作装饰图案的背景，也是主题纹样表现题材。

139 云 纹

清：绿地祥云八宝纹织金绸

北京故宫博物院藏

　　此绸以三枚斜纹为地组织，地经为绿色加捻，地纬为绿色无捻，以片金线为纹纬与地经交织成纬向斜纹四合如意连云纹。所有云纹以优美的S形纵向串连，形态飘逸洒脱。云纹间饰以莲花、盘长、磬、螺、珠等八宝纹，既最大限度地利用了金线，又巧妙地填补了云纹之间的空白。

140 云 纹

明：茶绿地四合如意朵云杂宝潞绸

北京艺术博物馆藏

　　此绸在茶绿地上织四合如意朵云杂宝纹。纹样中的四合如意朵云造型颇具个性，为规则散点式排列，空地上填入方胜、灵芝、锭、鼓板等杂宝纹，既严整规矩，又不失活泼。四合如意朵云纹寓意如意与高升，配以杂宝纹，更呈现出吉祥美好的纹样内涵。

141 云 纹

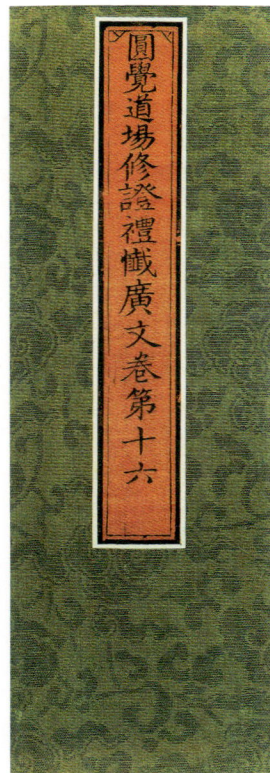

明：柳绿地四合如意朵云缠枝灵芝两色罗经皮

北京艺术博物馆藏

　　此织物在柳绿地上织四合如意朵云纹和灵芝纹。灵芝为缠枝骨式，并以四合如意朵云点缀其中，地纹与花纹用色调和，在和谐的纹饰中呈现出缠枝的婉转优美，配以四合如意朵云纹，动中有静，有疏有密。灵芝寓意长生不老，缠枝寓意绵延流畅，四合如意朵云纹寓意如意高升，三者组合，更呈现纹样的深远寓意。

142 云 纹

清：丝织云纹手卷

美国大都会艺术博物馆藏

　　此织物在褐地上织云纹，取自手卷。纹样以卷曲云头与云尾组合成单独云纹形，并以横向重复排列、上下错位循环形成斜线式规律骨架，呈现出秩序美感。云纹因其形态优美，或繁或简，或大或小，造型自由，富有变化，且寓意深厚，是常见的传统纹样，深受中国人的喜爱。

143 云 纹

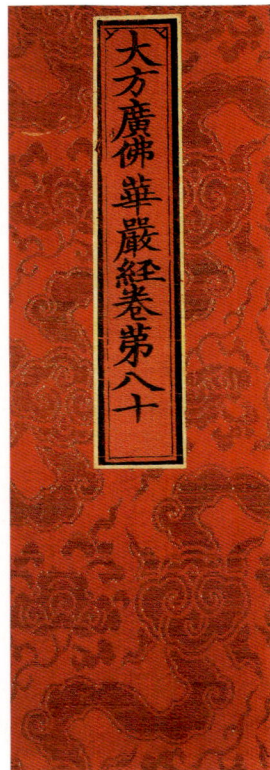

明：朱红色地四合如意连云灵芝纹织金缎经皮

北京艺术博物馆藏

　　此织物在朱红色地上运用金线织出花纹。灵芝纹、四合如意云纹构成主纹，纵向错开排列，两两相错并形成上下反向。云纹以波动的带状联合四合云头贯穿画面，使纹样在严整规则中透出活泼的气息，形成韵律美感。纹样浅地深纹，间或相互穿插形成色彩呼应。

144 火 纹

明：大红地火焰云杂宝两色纱经皮

北京艺术博物馆藏

　　此织物在大红地上织蓝色火焰云杂宝纹。火焰云纹呈横向错位排列，相邻的火焰云方向相异，隔行对齐相同，火焰云之间填充的杂宝纹排列比较密集，使纹样于整齐有序中透出活泼的生气。中国传统文化中，火被视为神圣而伟大的自然力量，太阳也被视为火，人们对火纹的描绘也是对火崇拜与敬畏的表现。

145 火 纹

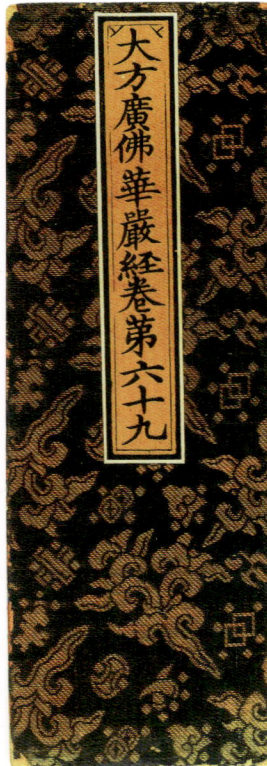

明：石青地火焰云杂宝两色纱经皮

北京艺术博物馆藏

　　此织物在石青地上织红色火焰云杂宝纹。火焰云作斜向连缀，相邻的云纹云头方向发生转换，富于韵律感，留出的空地上填充杂宝纹。深地的石青冷色与纹样的亮红色形成反差，形成对比效果，结合火焰云、杂宝的细致刻画，营造出繁密、丰富的纹样样式。

146 水 纹

明：红地落花流水锦

北京艺术博物馆藏

  此锦在红地上织多色落花流水纹。流水纹程式化，既有对波纹的表现，又有对水花的描绘。水纹之上横向排列的朵梅（桃花）花纹，有粉色、蓝色、绿色，以上下错位形成斜线，与流水纹呼应，呈现动感和节奏美感。唐诗"桃花流水杳然去，别有天地非人间"，正是符合落花流水纹的意境。自元明以来，落花流水纹成为常见的锦缎纹样。

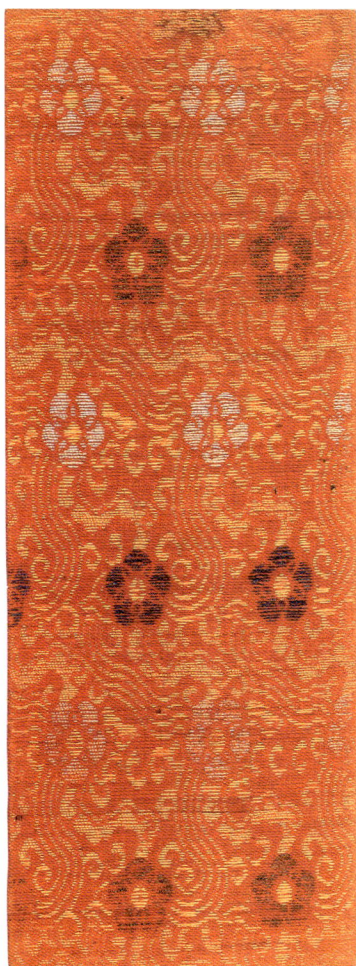

147 海水江崖纹

清：玄色地团花蝴蝶纹袍料

中国丝绸博物馆藏

　　此袍料上半部在玄色地上绣团花纹，下摆处绣以山石波浪，刻画出海水、浪花、山石宝物等纹饰，形成海水江崖纹，以表现绵延不断的吉祥含义，寓意"一统山河""万世升平"。海水江崖纹以工整精细、设色浓丽华美为特点，极富经典性。

148 海水江崖纹

清：明黄色团龙纹实地纱盘金绣龙袍

中国丝绸博物馆藏

　　此袍以明黄为地，上半部饰以龙纹，下摆由海水、浪花、山石、宝物等图形组成海水江崖纹进行装饰，构成整件龙袍纹饰，寓意"一统江山""寿山福海"。海水江崖纹形制严密、格式对称，并结合华美的对比色彩勾画纹饰，形成极具秩序美感的造型特色。

149 文字纹

清：夏季缂丝喜字纹女便服

美国费城艺术博物馆藏

　　此纹样出自满族夏季缂丝女便服。纹样以粉色为地，以金线缂织喜字纹，喜字纹居中，与两旁的卍字纹组合成团花形，周围由蓝色卍字纹围成菱形，并循环连接成四方连续纹样。纹样以对比色通过高明度、低纯度的处理呈现出很强的调和性，在精湛的缂丝工艺中把喜字纹与卍字纹演绎得清新雅致，别具一格。

150 文字纹

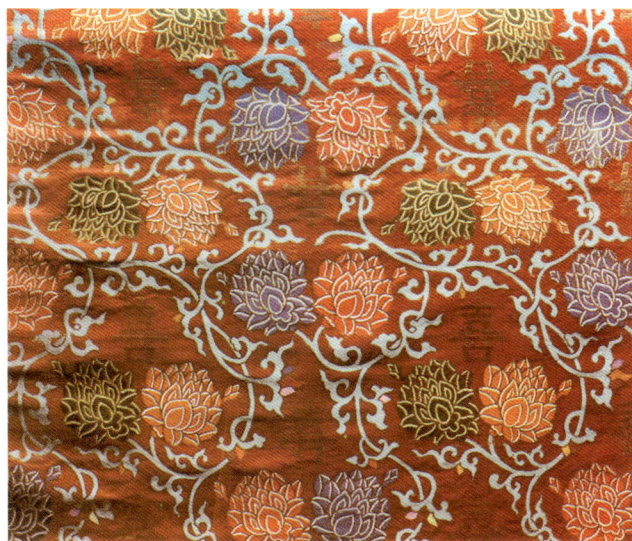

明：绛红地织金妆花喜字串枝并蒂莲花缎

定陵博物馆藏

此为喜字串枝并蒂莲花缎匹料。纹样中每对花头分别以红蓝、红绿、红紫相配合，莲梗为艾绿色，叶芽为驼色，"喜"字织金，花头花梗均用金色绞边。整体为串枝骨式，以花卉纹烘托出喜字纹。喜字纹方向有上有下，以便于匹料纹样的制作。"喜"字笔画较多，却因为汉字的特点，显得规整有序，与并蒂莲起到恰好的对比效果。

151 文字纹

清：深蓝地刺绣寿字纹女上衣

美国费城艺术博物馆藏

　　此织物的主体纹样为由喜字纹构成的团花，由花与蝶围成团花边框，团花外的空地上以寿字纹装点，衣摆底边为海水江崖纹。寿字纹为篆书体，并以字形和笔画进行变形组合，形成百变寿字纹，以象征"百寿"，传达出美好的祝愿与祈盼。

152 文字纹

明：木红地桃寿纹潞绸

北京故宫博物院藏

　　此潞绸在木红地上织桃寿纹。寿，有长命百岁之意；桃实寓意长寿，有寿桃之称。图文组合寓意长寿。纹样用色厚重，从其题材看较适合作为年长者的服饰面料。

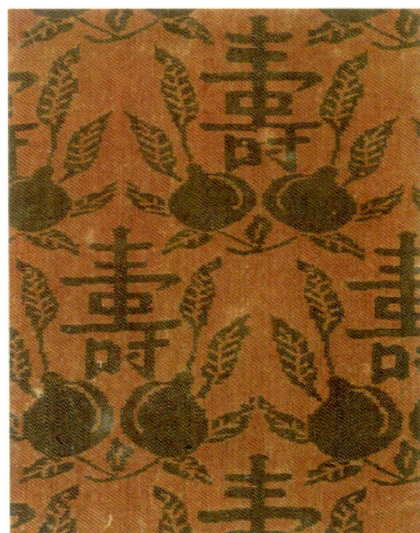

153 文字纹

明：绿地织黄牡丹寿字纹两色绸经皮

北京故宫博物院藏

此织物在绿地上织黄牡丹寿字纹。纹样以牡丹花间隔交错排列，空隙处饰"寿"字，呈牡丹顶寿状，寓意富贵长寿。此绸织工细腻，线条流畅，是明代两色绸中的珍品。

154 文字纹

明：绿地四达晕团寿纹双层锦经皮

北京艺术博物馆藏

　　此织物在绿地上织四达晕团寿纹。纹样为几何排列，骨式由圆形和方形组成，圆形内填"寿"字，圆形周围环绕如意云纹或灵芝纹，圆形之间为方形，内填朵花纹，表达长寿如意的含义。纹样布局紧密，造型富有细节，在满地纹饰间以团状形的绿地衬托出"寿"字，醒目明了。

155 文字纹

明：绿地宝相花寿字织金缎

北京艺术博物馆藏

　　此缎在绿地上用金线织出宝相花寿字纹。宝相花作折枝状，花头饱满硕大，叶片弯曲自如，"寿"字点缀于宝相花之间的空地上，饱含对长寿的企盼与祝愿。底色的绿厚重，金色的纹华丽，呈现出经典的宝相花造型，以及极具民俗性的寿字纹。

156 文字纹

明：福寿有余子孙万代织金妆花缎

北京艺术博物馆藏

　　此缎在褐地上以妆花工艺织出福寿有余子孙万代纹。纹样以双鱼、葫芦、蝙蝠、"寿"字、花卉为元素组成，极具寓意与象征性。纹样以中国传统的纹饰符号来呈现主题内容，采用了谐音、象形等表现手法，其中的"寿"字既是汉字又是图像化的符号。

157 文字纹

明：酱色地四合云团寿锦经皮

北京艺术博物馆藏

　　此织物在酱色地上织米白色四合云团寿纹。纹样以几何纹为骨架，圆内填篆书"寿"字，周围环以四朵如意云纹，"寿"字与如意云纹组合成的纹样寓意长寿如意。纹样间有几何式直线、四合云的曲线，以及寿字纹的自由徒手式线，却因为格式化的布局获得了和谐与统一。

158 文字纹

明：木红地万寿两色绸经皮

北京艺术博物馆藏

　　此织物在木红地上织黄色万寿纹。纹样以双桃托一个"寿"字，桃叶在两侧环抱"寿"字，桃纹上装饰卍字符号。"寿"字与桃子具有浓厚的长寿寓意，加上卍字纹，直白地点出主题：万寿。纹样以红地黄纹的邻近色形成明丽的色调，而"寿"字则因汉字的笔画造型显得极为醒目。

159 文字纹

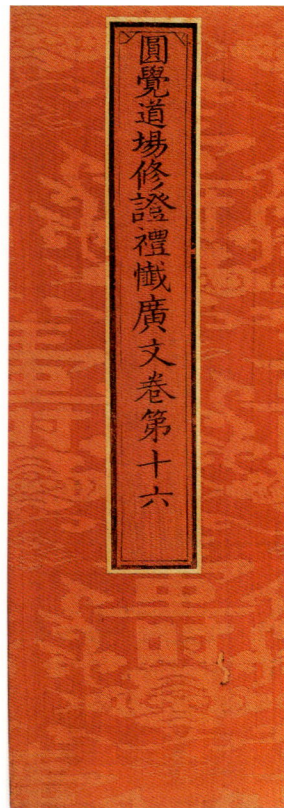

明：木红地灵芝寿字纹两色绸经皮

北京艺术博物馆藏

　　此织物在木红地上织黄色灵芝寿字纹。以灵芝托"寿"字为单元，横向和纵向均错开排列，主纹之外的空地上填卐字，形成循环连续纹样。"寿"字极具符号式装饰感，使汉字与灵芝纹获得和谐感。纹样具有浓厚的长寿寓意，红地黄花的喜庆风格与之十分相称。

160 文字纹

明：绿地万寿平安葫芦灯笼潞绸

北京艺术博物馆藏

　　此潞绸在绿地上织红色灯笼纹。灯笼纹按横向与纵向错位排列，"万寿平安"四字吉语分两组装饰于灯笼纹的主体部分，形成主纹样，呈现出浓厚的吉祥气氛，并循环成连续纹样。纹样整体以线条勾勒出"万寿"葫芦灯笼纹、"平安"葫芦灯笼纹。汉字"万寿平安"既装饰了葫芦灯笼纹，又传递了汉字本身的含义。

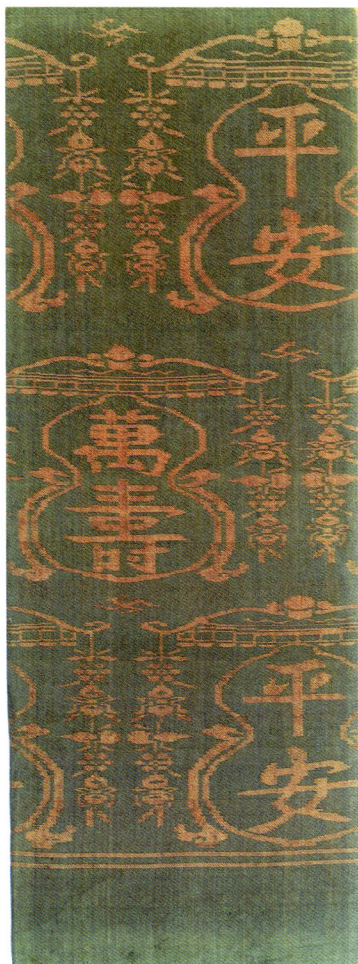

161 文字纹

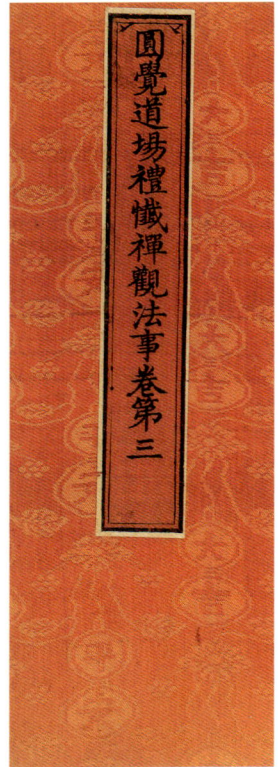

明：红地平安大吉葫芦纹潞绸经皮

北京艺术博物馆藏

　　此织物在红地上织黄色平安大吉葫芦纹。纹样单元巧妙地以带叶茎的葫芦为依托，以"平安大吉"四字吉语表达对吉祥的祝愿与追求。带有汉字纹饰的葫芦纹呈静止状，动感的叶茎给纹样带来了活泼感，而红地黄花更增添了温暖的气氛。

162 文字纹

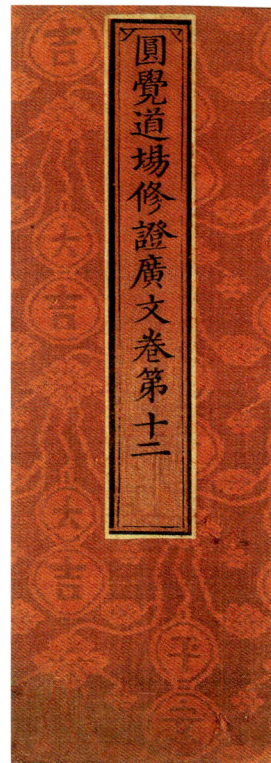

明：红地平安大吉葫芦潞绸经皮

北京艺术博物馆藏

　　此织物在红地上织平安大吉葫芦纹。纹样由葫芦纹和四字吉语组成，单元纹样纵向两两错排，隔行重复连续。纹样色彩鲜艳欢快，与表达的内容十分相配。"平安大吉"文字既是装饰纹饰，也呈现了汉字的语义，手写的汉字增添了纹样的趣味感。

163 文字纹

明：大红地万事大吉葫芦加金妆花缎

北京艺术博物馆藏

　　此缎在大红地上以妆花和加金工艺织出万事大吉葫芦纹。纹样应该为二方连续，从局部推测，可能是综合式的二方连续。纹样丰富多彩，包含的纹样单位较多，有葫芦、葫芦叶、葫芦枝和葫芦花，葫芦的造型有大有小，使得悬挂的高度产生高低差异，形成比较强的对比。

164 卍字纹

明：深地折枝灵芝卍字织金纱

北京艺术博物馆藏

　　此纱在深地上织金色折枝灵芝卍字纹。纹样以菱格卍字纹（右旋，卍形）为地纹，以折枝灵芝为主花，灵芝花由一朵主花与几朵辅花组成，灵芝花的方向一致，构成循环。卍字意为"吉祥万德之所集"，是吉祥的标志。纹样中的卍字纹由边框相互组合连贯形成地纹，更蕴含着绵长不断、万福万寿不断头之含义。

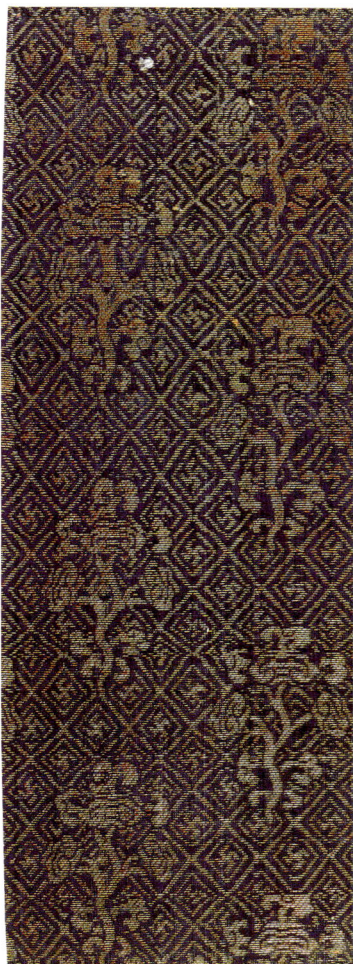

165 卍字纹

明：绿地折枝莲卍字织金缎经皮

北京艺术博物馆藏

　　此织物在绿地上运用金线织折枝莲卍字纹。纹样以菱格卍字纹（右旋，卐形）为地纹，地纹上留出近圆形的空地，空地上填入折枝莲，折枝莲呈团状，以花朵为中心，花朵周围搭配若干叶片。纹样以莲花的大而疏与卍字纹的细小与密集形成对比，产生节奏感。

166 盘长纹

清：深绿地漳绒盘长纹满族男式齐腰外套

美国费城艺术博物馆藏

　　此纹样以深绿为地，由漳绒工艺织出黑色丝绒盘长纹，以重复的排列形成循环连续纹样。盘长纹，又称吉祥纹，取自绳结形。绳结的形状没有头与尾，连绵不断，因而盘长在佛教中象征庄严吉祥与佛法回环贯彻，为法器之一。盘长纹以绵延不断的造型寓意家族兴旺、子孙延续、富贵吉祥。

167 联珠纹

清：六角联珠纹锦缎

承德避暑山庄博物馆藏

　　此织物在地组织上以浮纬显花，经线分两组，纬线有蓝灰、草绿、黑、白、浅褐和朱红六种，其中朱红为活色。联珠纹在团纹的四周饰以若干小圆圈，圆圆相套相连，如同联珠，向四周循环发展，形成大圆的主体纹样，并组成四方连续纹样。纹样借"珠"的美好，喻"珠联璧合"，象征杰出的人才与美好的事物结合在一起。

168 八达晕纹

清：黄地五彩霞锦

中国丝绸博物馆藏

　　此纹样选自黄地五彩霞锦，该锦属于八达晕锦。八达晕锦又称"八答晕锦""八搭韵锦""天华锦"等。八达晕纹的基本骨架为"米"字格式，以水平线、垂直线和对角线将空间分为八部分，并在线条的交叉点上套以方形、圆形或多边形框架，框架内再填以各种几何图案。因线与线之间相互连通，朝四面八方辐射，故得"八达晕"之名，含有"四通八达"之寓意。

169 几何花纹

清：菱格彩花壮锦

承德避暑山庄博物馆藏

　　壮锦为广西、云南、贵州一带的壮族传统织物，在清代为贡品。壮锦以平纹为地组织，以多种彩色丝线显花。这块壮锦的组织与纹样较为典型，在集合纹样中填以小花。浅黄、浅绿两种颜色作为地纹色，大红、粉红等颜色都作为挑花色，上下左右色彩变化较为自由。

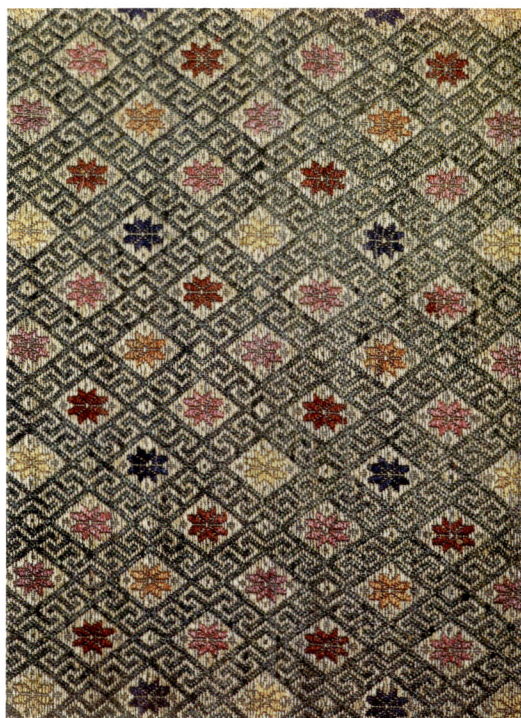

170 几何花纹

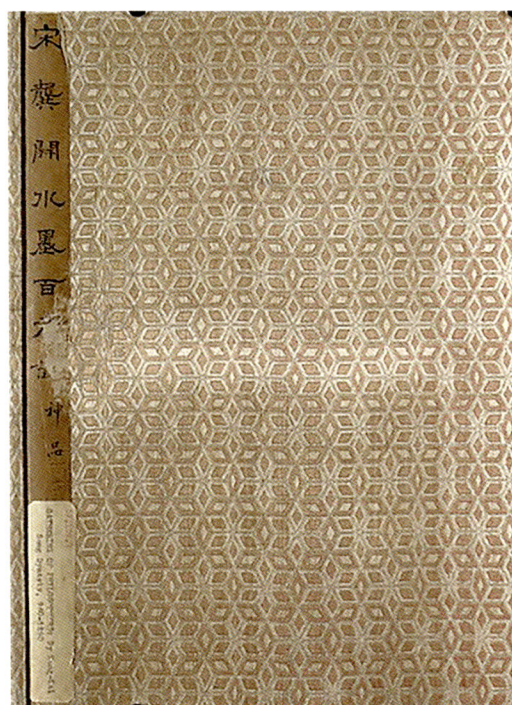

清：菱格纹锦

美国大都会艺术博物馆藏

　　此织物为清《水墨百老图卷》手卷的包首部分。纹样由各种大小及不同方向的小菱格纹构成。每个菱格纹由两个相同方向的菱形套在一起构成，有的为尖角在上，有的呈左斜或右斜，相互连接在一起，变化丰富，是富有层次感的菱格几何纹。

文物图片来源（数字为本书纹样编号）

北京故宫博物院 4，6，7，17，19，26，31，34，40，42，45，46，49，53，58，61，63，85，89，104，114，132，138，139，152，153

北京艺术博物馆 1—3，5，8—14，16，21，22，27—30，35—39，41，43，44，47，50—52，54—56，60，62，68，70，73—76，78—80，86—88，92—95，97，103，107，113，123—125，128—130，133，140，141，143—146，154—165

承德避暑山庄博物馆 167，169

定陵博物馆 24，57，77，126，127，135—137，150

湖南省博物馆 122

美国大都会艺术博物馆 15，90，98，112，142，170

美国费城艺术博物馆 32，33，48，59，64，66，84，106，109，115，119，134，149，151，166

山东博物馆 72，83，120

上海纺织服饰博物馆 65

私人收藏 82，99

香港贺祈思藏品基金会 110，111

中国丝绸博物馆 18，20，23，25，67，69，71，81，91，96，100—102，105，108，116—118，121，131，147，148，168

后 记

　　本书为国家科技支撑计划课题"中国丝绸文物分析与设计素材再造关键技术研究与应用"的部分成果，是对课题中明清锦绣部分织物纹样的汇集与总结。在丝绸文物资料收集和信息提取的基础上，本书结合原始织物图像资料，以及课题所获得的复原矢量纹样，提取素材及工艺参数，揭示纹样中蕴含的历史、艺术和文化元素，旨在为设计师提供较为完整的明清锦绣纹样的相关信息，同时也为艺术爱好者提供一次美的赏析体验。

　　本书的纹样丰富，涉及面广。复原纹样需要对原始织物所呈现的纹样做分析，找出单元形、循环点，并分析纹样的骨架、色彩，以及年代造成的色彩变化。尤其是有些破损和模糊的织物纹样，需根据纹样的造型、织物的用途、织物的工艺等因素来进行判断，从而做到较为准确的纹样还原。

　　在色彩上，印刷、翻拍等多种因素可能导致色彩的失真，这往往需要对织物的年代、题材及功能等因素进行分析，从而对色彩进行判断与套色定位。

　　清代的宫廷用服饰，如龙袍、官补，纹样极其复杂繁缛，复原时需要极大耐心，同时还需要理解纹样的寓意与题材造型，以更好地把握创作者对纹样的表达。

　　明清的刺绣纹样套色多，变化细腻，退晕针、盘金线，以及打籽绣等线迹产生的纹样细节，都需要在复原时一一给予恰当的再现。

　　本项目通过织物图像的查找、锁定，纹样提取、元素分析，实现对织物的纹样复原。伴随着艰辛的付出，这一过程更是使我们徜徉在中国传统织物艺术中的一次审美体验，是对传统织物精湛工艺的一段了解与学习经历，可谓是对纺织产品设计的一个难得的学习与积累过程，对于我们今后的设计之路将产生重大影响。

　　本项目耗时三年有余，参与人员来自东华大学、中国丝绸博物馆、浙江大学等相关研究团队。正是在许多人的辛勤努力下，才有了本项目的成果，也有了本书撰写的依据与可能性。

负责本项目图案绘制的有我的研究生张翼、朱意、刘惠泉、傅鹏瑾、王银等同学，正是她们对原始图像造型结构的理解、色彩的解读，以及精益求精的研习态度，才有这本图集的产生。

同时还要感谢的有项目的负责人赵丰老师，以及子项目的负责人王乐老师，还有诸多在该项目中协同共事的老师们。正是由于你们的付出，才使我获得书籍编撰的机会，在此一并感谢！

汪 芳

2017 年 6 月于上海

图书在版编目（CIP）数据

中国古代丝绸设计素材图系. 锦绣卷/汪芳著. — 杭州：浙江大学出版社，2018.5（2024.5重印）

ISBN 978-7-308-17764-1

Ⅰ. ①中… Ⅱ. ①汪… Ⅲ. ①古丝绸—丝织工艺—中国—图集 Ⅳ. ①K876.9-64②TS145.3-64

中国版本图书馆CIP数据核字（2018）第002748号

中国古代丝绸设计素材图系·锦绣卷

汪 芳 著

策　　划	包灵灵　张　琛
责任编辑	董　唯　包灵灵
责任校对	陈思佳
封面设计	赵　帆　续设计
出版发行	浙江大学出版社
	（杭州市天目山路148号　　邮政编码310007）
	（网址：http://www.zjupress.com）
排　　版	杭州林智广告有限公司
印　　刷	浙江海虹彩色印务有限公司
开　　本	889mm×1194mm　1/16
印　　张	13.5
字　　数	210千
版 印 次	2018年5月第1版　2024年5月第4次印刷
书　　号	ISBN 978-7-308-17764-1
定　　价	188.00元